レイコ@チョート校

―アメリカ東部名門プレップスクールの16歳

岡崎玲子
Okazaki Reiko

a pilot of wisdom

集英社新書
0114
E

初日、上級生に案内されて始業式の会場へ。

右手前がオフィスやカフェテリア、著者が住んでいた寮のある建物。左は数学の校舎。

全校バーベキューで同級生と。

ハーベストフェストの
寮対抗綱引きで準優勝。

本校を1935年に卒業した
ケネディー大統領の肖像画の前で。

入学試験の
面接の後、
チョート校
の看板の前
で。

化学の実験で圧力を測定中。

カフェテリアでの
昼食風景。

アドミッションズ・オフィス（入学課）のある建物・アーチボルド付近。

寮の自室、パソコンで論文を執筆中。

終業式に集まった寮のメンバーとアドバイザーの先生二人。
（中央左に著者）

レイコ@チョート校

岡崎玲子
Okazaki Reiko

a pilot of wisdom

レイコ@チョート校 ◇目次◇

第二章　全力疾走の二学期　*Winter Term*――――――85

第三章　十六歳、実りの三学期 *Spring Term*

プロローグ

教会で署名の儀式

「私の番だ」

ペンを持ち直して、慎重に ***Reiko Okazaki*** とサインし、シャナハン学長と握手を交わす。自分の席まで戻り、固い木の長椅子に腰掛けてホッと一息ついた。高い天井を見上げると、窓のステンドグラス、視線を落とすと、教職員がずらりと並ぶ二階席が目に入る。セント・ジョンズ・チャペルの中は、ひんやりと涼しい。

新入生が、構内のチャペルで分厚い本に、学校に忠誠を誓うサインをする **matriculation ceremony**（マトリキュレーション・セレモニー）。パイプオルガンの音色が響くこの厳《おごそ》かな雰囲気に、馴染《なじ》みのない私は戸惑《とまど》いを隠せない。突然、こんなに遠い、違う世界に来てしまった。

ふと、疑問が頭をかすめる。

「ここは、私の来るべき場所だったのだろうか？」

第一日目、新入生の予定は、ぎっしりと分刻みで決められている。今も、初めてのフォーマルディナーを終えたばかり。男子はスーツ、女子はドレスと正装で集まった生徒たちを見ると、カジュアルだった昼間の印象とのギャップに驚く。キャンドルの光がゆらめくダイニングホールで、同じテーブルの生徒や先生と会話しながら食事をしたが、とにかく眠い。時差ボケに加えて、睡眠不足、初日の期待と緊張……。前日、空港に到着してからも、寮生活に必要なものを揃えるため父と買い物に出かけ、夜遅くホテルに着いたのだ。何を食べたかなど全く記憶にないけれど、なんとか笑顔を保ち、失礼にならないよう努め続けたぎこちない夕食の直後、このチャペルに案内された。

　朝一番、キャンパスに着いて、まず目に入ったのは、遥か彼方まで広がる緑の芝生と、道の両側にずらりとならぶ万国旗。この通路を通り、レジストレーション会場でこれから履修する科目を登録したころは、大いに張り切っていた。まずは、時間割をはじめとした書類を受け取り、学生証の写真を撮った。この学生証、通称チョートカードは、キャンパス内の郵便局、生協、カフェで使えるデビット・カードでもあるので、さっそく各教科のテキストを購入。その

入学式が行われた
セント・ジョンズ・チャペル

後、アドバイザーの先生に会い、学校説明のオリエンテーションに参加した。

ここチョート校（**Choate Rosemary Hall**）は、四年制の私立高校、いわゆるプレップスクールのひとつ。私が入学した第二学年は、昨年からいる約百名に、今年入学した百名を加え、約二百名となる。誰一人として知り合いがいない、新しいキャンパスでの手続きや説明会に、私の心の中の緊張の糸は、ピーンと張りつめたままだ。

初日の案内役として、**May I help you?**（お手伝いしましょうか？）の黄色いTシャツを着た上級生も、同学年の生徒も、みんな親切に質問に答えてくれる。しかし、去年からいる生徒は、友達と久しぶりに会うたびに **"How was your summer?"**（夏休みどうだった？）と、学校が始まったことが、うれしくてたまらない様子。自分も来年の九月には、こんなふうに学校に慣れているのだろうか……。

学校との出会い

一年前には、チョート校の存在すら知らなかった。当時は、prep school（プレップスクール）と呼ばれる寄宿制の私立高校について、なんの知識もなかったのだ。そんな中学校二年生の秋、チャンスが訪れた。前年、カリフォルニアのサマースクールで知り合いになった友達の父親が、アメリカ東部に良い学校があるので、資料を送ってくれるという。さっそく届いたチョート校のカタログの写真に、私は目を見張った。緑の芝生に点在するレンガ造りの校舎、クラシックなカフェテリア、広い体育館、多彩なクラブ活動の数々……。こんな学校があったのだ！

そして、もう一方のコースディスクリプション（講義要項）のページをめくっていくと、興味深い授業がいくつも目に留まる。選択科目の多さとその専門性はすごい。二八〇もあるコースから、自由に授業が選べるのだ。私はどうしても、この学校に行きたいと思った。

一般的に、アメリカでは高校までが義務教育だから、公立高校に行くための入試はないが、プレップスクールなどの私立高校へ入学するためには、入学審査にパスしなければならない。これは、入学の前年の秋ごろから手続きが始まり、翌年一月までに必要書類の準備と面接を終え、春に合格通知が来るというアドミッションズ・オフィス（ＡＯ）入試。

チョート校の学校案内のカタログ

私は日本の公立中学に在籍していたし、海外からの奨学金申請者ということで状況はとても厳しいだろうと覚悟していた。本当は、夏休みのうちに学校見学を済ませ、秋には余裕を持って入試の手続きを進めるのが理想的なのに、すでに十月半ば。私は、急いで準備を開始した。

まず、中学校からの成績証明書、推薦状などが必要。校長先生、担任をはじめとする多くの先生方の全面的な協力を得て無事、必要書類を揃えることができた。あとは、自分がこれから書くエッセイで合否が決まるともいえる。

エッセイは、大きく分けて、三部からなる。まず、今までの学校内外の活動に関する記述、次に、与えられた課題について自分の考えを述べる小論文が四問、そして最後に、長さに制限のない論文が一問。最初の部分については、今までに取得した資格、コンテストでの受賞、新聞記事などを一冊のポートフォリオにまとめ、自分の活動のすべてがわかるように工夫した。

小論文の課題には、『今のあなたに影響を与えた人について述べなさい』や、『もし、学校がなくて一年間を自由に使えるとしたら、何をしたいですか？』などがある。これらの問いに対しては、自分が他の人と、どう違うかをアピールする小論文を書かなくてはならない。後者に対して、私は、「その一年間を使って、世界中の国々を訪れて見聞を広めたい」という趣旨を、今までの海外経験を交えて書いた。

学校から帰り、夕食後はエッセイを書く、という生活が続いたが、アメリカ人の生徒と勝負しているのだから気が抜けない。推敲《すいこう》を重ね、明け方までかかって仕上げたエッセイを封筒に入れ、何度もチェックして封をすると、とにかくベストを尽くしたことに安堵《あんど》した。

あとの山場は、面接。入学審査での面接の比重はかなり大きいと聞いたので、二〇〇〇年の一月四日、私は母とコネチカット州都ハートフォード市を目指した。チョート校は、ハートフォード市から南西に車で一時間弱の、ウォーリングフォードという町にある。翌日学校に着いて、キャンパスツアーの後、いよいよ応接室に入った。

私の担当は、アドミッションズのメンバー、かつ数学の教師でもあるミスター・フラスカだった。**"Please have a seat."** 私に席を勧めると、彼はいきなり切り出した。**"Is it right that**

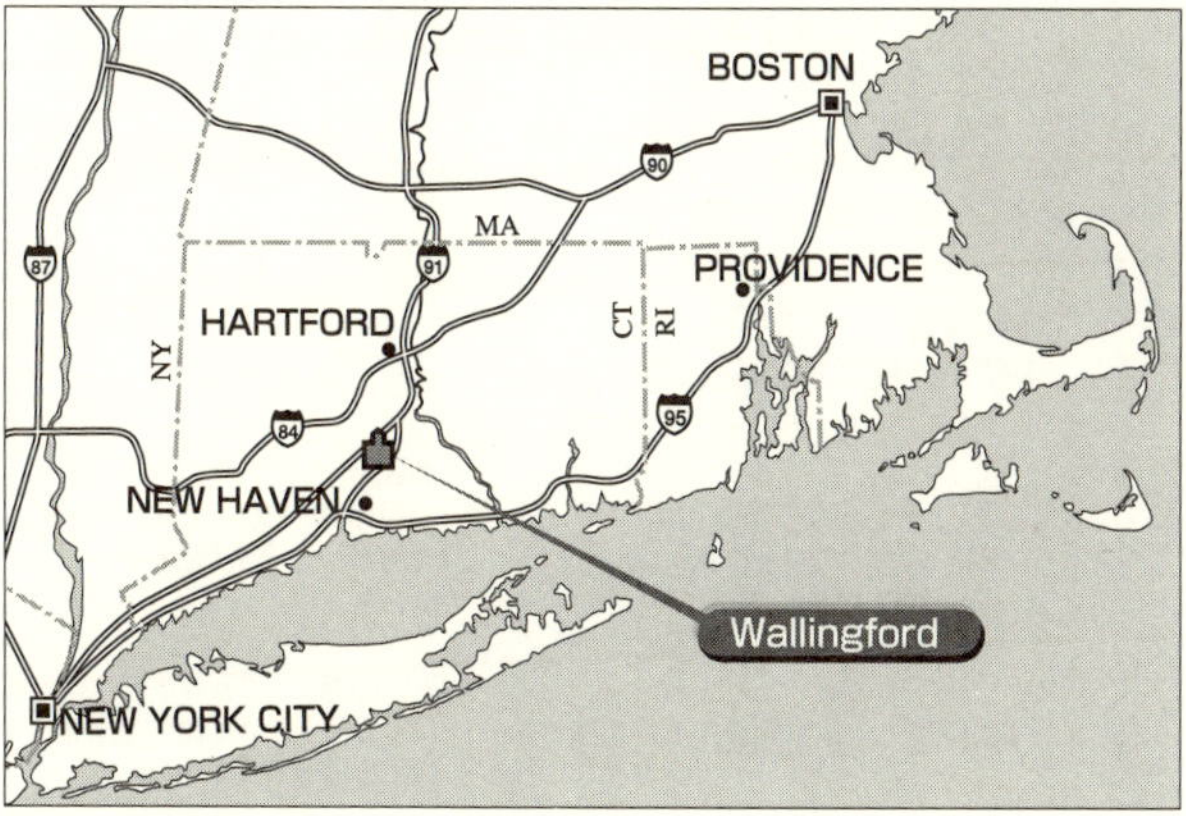

チョート校のあるウォーリングフォード

Nakata is playing in Italy?" なんと面接は、サッカーの中田選手の話題から始まった。私が、サッカーが人気の静岡県出身だと話すと、サッカーのコーチを務めるミスター・フラスカと話が盛り上がった。

今の学校での部活や、生徒会広報担当の仕事のこと、趣味、パーソナルヒストリーなどについて話は及び、あっという間に四十五分が過ぎていた。私が面接という言葉から連想することといえば、国連英検の時の「今、紛争の起きている国についてあなたの意見を述べなさい」というような政治に関わるものであったから、あまりにも柔らかい話題が多いこの面接に驚いた。

考えてみれば、この面接で大事なことは、世界情勢を知っているかどうかではなくて、寮生活を送っていくうえでみんなと仲良くやってい

AO入試のプロセス

一般的な例

※入学する年の一年前から準備を始める

夏　情報収集
学校を訪問、志望校の絞り込み

▼

秋　TOEFL、SSATを受ける
入学に必要な書類を取り寄せる
キャンパス見学、面接

▼

冬　1月下旬　入学書類提出の締め切り

著者の場合

1999年
10月中旬－チョート校を知る
11月――書類を入手

2000年
1月 5日－チョート校にて面接
1月 8日－SSAT受験

入学審査に必要なもの：

★1	On-campus Personal Interview（特に重要）	キャンパスでの面接
★2	Student Interests and Essays（特に重要）	生徒のエッセイ
3	Parent Statement	親のエッセイ（子供の教育について）
4	SSAT/TOEFL scores	全国一斉テスト／外国人はTOEFLの成績
5	School Report	学校の成績証明書
6	English Teacher Recommendation	英語教師の推薦状
7	Mathematics Teacher Recommendation	数学教師の推薦状
8	Supplementary Recommendation	学校以外での活動に関する推薦状
9	Parents' Financial Statement	両親の財政証明書

▼

春　3月10日　合否の通知
4月10日　入学契約書類提出

▼

秋　9月 7日　入学式

AO入試のプロセス（一般的なケースと著者のケース）

けるか、協調性があるかどうかだったのだろう。学校には、世界中からいろんな生徒がやってくるし、しかも寮生活をするのだ。だから、ここで『日本の中田は、イタリアのセリエAで活躍していますね』と尋ねられた時、"**Nakata, who is that?**"というような、私は、サッカー興味ありませんから、という答え方をしていては、いけなかったのだと思う。

さらに、私は、授業を受講することを希望していたので、同じ年のコリーンがカフェテリアでの昼食と英語の授業に、ダニエーラが数学の授業につきあってくれ、いろんな質問に答えてくれた。面接のために、はるばるアメリカまで行くのは大変だったけれど、実際に学校を見て、「ここに通いたい」という私の気持ちは、ますます強くなっていった。

一月八日には、チョート校の体育館でSSATを受験した。これは、数学と英語からなる全国統一テストで、私立高校などが生徒の学力を知る基準として利用している。英語の類似語を選ぶ問題には悩んだが、数学の方はうまくいった。話がはずんだ四十五分間の面接、そしてSSAT受験とやるべきことを終え、一安心。広大なキャンパスを行き来する生徒たちの姿や、昼食を共にした同級生との会話がいつまでも心に残った。

一月十日に帰国してからは、全力を出し切ったのだから、後は天命を待つのみ。合格通知が届くまで、かなり時間があるため「本当に志願者全員のエッセイを読んでいるのかな?」「点数だけでないのだったらどうやって合格者を決めるの?」と心配になるが、電話をかけて聞くわけにもいかない……。

チョート校を知り、運命的な出会いを感じてから約半年。ようやく、うれしいeメールが届いた。

「ニコラス奨学金付きの入学！」飛び跳ねるのをやめて、落ち着いて考えてみると、こうして切り拓いた新たな道が、どこへ続くかは自分でもわからないけれど、人生の大きなターニングポイントになりそうな予感。

準備や別れであっという間に過ぎた夏……。

そして二〇〇〇年九月七日、期待度一〇〇％で入学の日を迎えた。

◇プレップ・スクール

プレップ・スクール（prep school）とは、プレパラトリー・スクール（preparatory school）の略称。一般には、アメリカやイギリスにおいて、一流大学への進学準備をするための私立中・高等学校のことをいう。多くは寄宿制を採用しており、4年制の学校となっている。伝統ある有名プレップスクールは、アメリカでは東部に多い。

◇チョート・ローズマリー・ホール

チョート校（Choate Rosemary Hall）は、1890年創立、コネチカット州ウォーリングフォード市にある4年制の寄宿制私立高等学校。400エーカー（約1.6㎢）のキャンパスで、日本でいう中学3年生から高校3年生までの生徒が学ぶ。1977年に、男子校のチョート・スクールと女子校のローズマリー・ホールが合併し、共学になった。830名余の全校生徒は、アメリカの38州と世界34カ国から来ている（2001年現在）。25％は家から通学するデイ・スチューデントだが、ほとんどの生徒は寮生活を送っている。チョート校は、全米でも三指に入るプレップスクールといわれている。

卒業生として、ジョン・F・ケネディー第35代大統領やアデライ・スティーブンソンらの政治家をはじめ、ノーベル賞受賞者、ピュリッツアー賞受賞者、映画俳優など多くの人材を輩出している。2000年には、実業家ドナルド・トランプの娘やABCの看板ニュースキャスター、ピーター・ジェニングスの息子が卒業している。

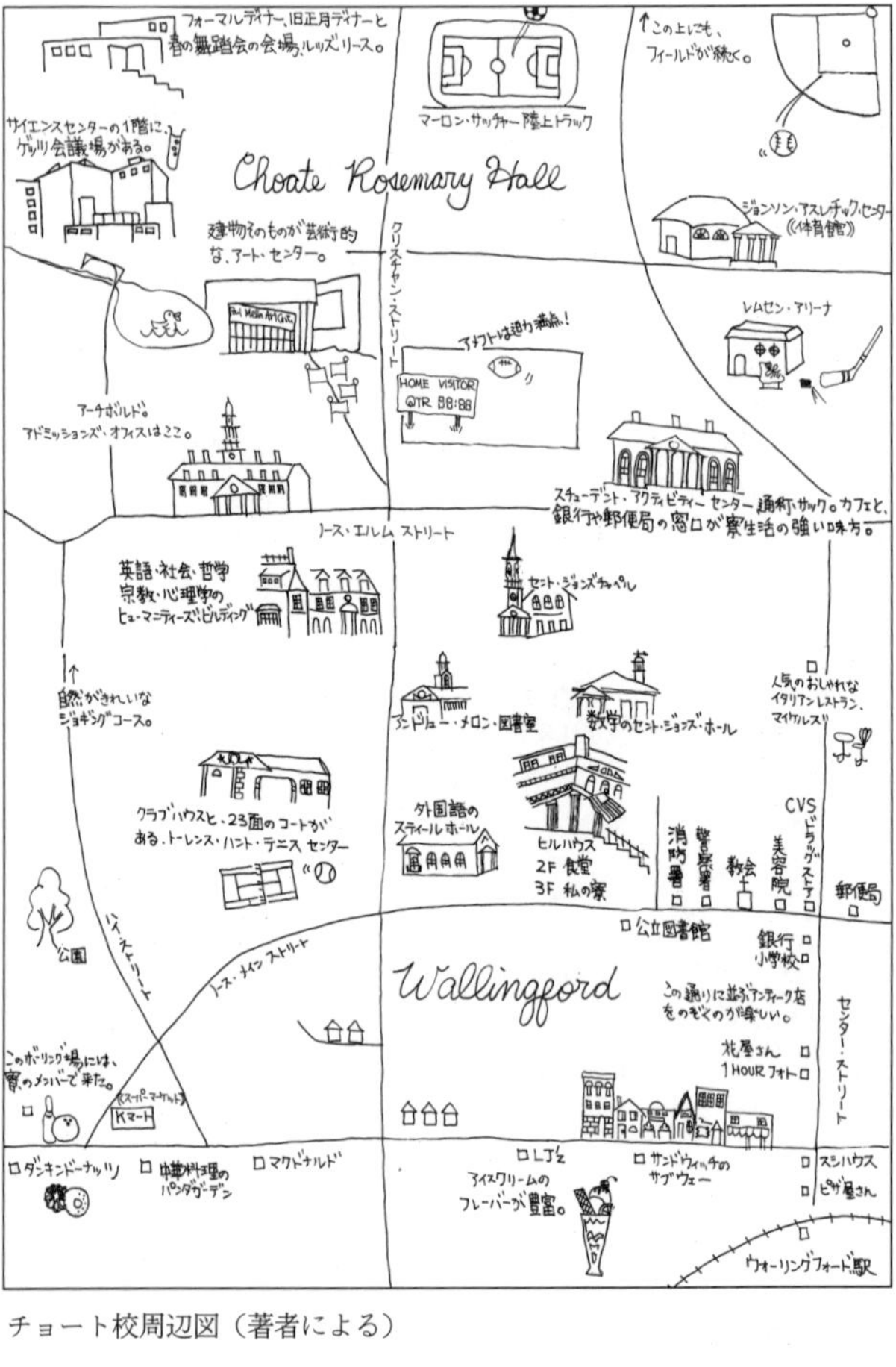

チョート校周辺図（著者による）

第一章　期待と不安
——驚きの一学期

Fall Term

緊張の初日

カナダから来たルームメイト

"Hi, are you Reiko?"（あなたがレイコ？）

クロゼットに持ち物を片づけていた私が振り向くと、フレンドリーな笑顔の女の子と、その両親が戸口に立っている。チョート校に着き、自分の住む寮がわかってから一番にしたのは、三階の部屋へ荷物を運び込むこと。私は、衣類を整理していた手を止めて、立ち上がった。少しドキドキしながら自己紹介。

"Hi, nice to meet you."（はじめまして）

初めての寮生活を始めるにあたって、気になっていたのが、ルームメイト。カナダのニューブランズウィック州から車で、一日がかりで来たというリディアは、私と同じ十年生、四年制のこの高校では二年生だ。「自分より遠いところから来た人にいろいろ話を聞きたいなってずっと思ってたの。そうしたら目いっぱい遠い国から来たルームメイトと一緒になれた！」と、さっそく日本の生活について、教えて欲しいと言う。彼女の夢は、アイビーリーグの大学でアイスホッケーをすること。リディアの両親を交え、お互いのバックグラウンドを話しているうちに、私は、次の予定が迫《せま》っていることに気がついた。

「そうだ、寮の顔合わせがあるんだ」

一緒に、寮の共同部屋、コモンルームへ向かう。コモンルームは、私たちの部屋から、一つおいて隣にある。三十畳ほどの部屋に、二十三人の生徒とアドバイザーの先生三人が顔を揃えた。新しい生徒は私たちを含めて七人。あと、去年からいる生徒が、四年生（十二年生＝日本の高校三年生）が四人、三年生が六人、二年生が六人。この学校の「一年生」は日本でいう中学三年生で、人数が少ないため専用の寮がある。

カフェテリアにある暖炉の前で

それに比べると、私たちの寮ウエストウィングは上級生寮、といった雰囲気。ここでも、また、自己紹介だ。まだ、誰が誰だか、とても覚えられないが、とにかくみんなとても活発。「ここは、カフェテリアの真上だから雪の降るころには本当に感謝しちゃうよ」という上級生の言葉に実感は湧《わ》かないが、とにかくラッキーなのだと自分を納得させる。

今年の初頭、初めて見学と面接のため学校を訪れ、カフェテリアへ案内された時のことはよく覚えている。私は、思わず、入り口で一瞬立ち止まってしまった。高い天井にはシャンデリアがきらめき、重たそうなオーク材のテーブルには十人ぐらい座れそう。暖炉の上には肖像画、壁には角が立派なヘラジカの頭部のはく製。その重厚な雰囲気は、「次は、カフェテリアだ！」と勇んで階段を上がってきた私を圧倒した。

そして、今は、チョート校の新入生としてカフェテリアに座っているが、慣れないうちは落ち着かない。ビュッフェ式の料理は種類が多すぎて目移りしてしまうし、いったんテーブルに座ってもキョロキョロしてしまう。カフェテリアは、生徒が、それぞれのスケジュールに合わせて動くこの学校では数少ない「みんなが集まる場」。学年も外見も様々な人たちが、自分の行き先は、はっきりわかっているというように、一・五倍のスピードで動いている。なぜかコード付きの電話を持ち歩いている人、元気よく会話を交わしたかと思うと、トレーを手に次の活動へ急ぐ人……。テーブルに座るメンバーも次々に変わる。

入学前の、「友達ができるかな」という不安は消えたけれど、逆に、会った人の名前を覚えられるかどうかが心配だ。

“Reiko, this is Bob. He’s in our grade. Bob, this is Reiko. She’s from Japan.”（レイ

コ、これがボブ。私たちと同じ学年よ。ボブ、レイコは日本から来てるの）こんな紹介が続いて、会話に気をとられていると、食べ物にまだ手をつけていないのに次の活動の時間になってしまう。この空間に充満するエネルギーには目がまわりそうだ。

オリエンテーション、説明会、学校案内など、盛りだくさんだった一日が終わり、さっきシーツを敷いたばかりのベッドに横になる。今日は忙しすぎて、まだ部屋は片づいていない。きちんとタンスや机にしまわれなかった私とリディアの荷物がまだ、床の上に散乱しているけれど、二人の持ち物でいっぱいの部屋は、最初の空っぽな時よりは落ち着く。今日会った人たちとの会話、そして、さっそく始まる授業のことに思いをめぐらす。あまりにも多くの出来事が一度に起こったので、なかなか寝つけそうにない……。

声が出ない……筆談で自己紹介

この週は、特別に土曜日も授業があった。短縮日課で全教科の授業があるので、もらったばかりのスケジュールを確認しながらキャンパスを走り回る。初日のため、時間通りに揃わない生徒たちに先生も理解を示したけれど、早くここの生活リズムに慣れることが期待されているらしい。思ったより慌ただしい教室移動を、そんなにすぐ、こなせるようになるのだろうか？各教科の教室を探すのに、さんざん苦労した一日の後、夜には、さっそくクラブ風のダンスパーティー。「ゆっくり、一息つくひまもないけれど、日曜日があるよね……」と自分に言い聞かせる。

日曜日の朝、目覚めたとたん何かおかしい、と思った。ルームメイトに、"Morning."(おはよう)、と言ったつもりが声にならない。休みなく続く活動に、旅行疲れも重なったのか、大事な時にのどを痛めてしまった。

午後の全校バーベキューパーティーでも、自己紹介は筆談で行う始末。普段は、よくしゃべる私だから、余計にフラストレーションがたまる。「初めの数日間は、たくさんの人と会って、友達をつくる大切な時期なのに……」医務室に行っても、異状はないと言われるだけ。「きっと疲れからだ。塩水で、うがいをして安静に」

月曜日の朝、祈るような気持ちで発声してみたが、まだ、治っていない。声の出し方を忘れてしまったのか、と思うと怖くなった。安静にと言われても、こんな忙しい時に、寝ているわけにはいかない。ささやき声しか出ないため、授業で発言したい時は、隣の生徒が大きな声で代わりに発表してくれる。

チョート校があるウォーリングフォード市は、ボストンとニューヨークから車で二時間ほどで、コネチカット州のほぼ中央に位置する。町の歴史は、一七七六年のアメリカ独立から一世紀もさかのぼるらしい。治安面も安心で、まるでディズニーランドのメインストリートをそのまま運んで来た雰囲気の「タウン」は、キャンパスの一部と定義付けられている。

そんな町の、寮から歩いて行ける距離にドラッグストアがあるとは聞いていたが、来たばかりなので場所がわからない。困っていると、上級生がヴィックスドロップスを買ってきてくれたり、アドバイザーのミズ・セティナが部屋で熱いお茶を作ってくれたりと、周りの人たちのやさしさが心にしみた。でも、このまま、声が戻らなかったらどうしよう、と不安が募《つの》る。いつまで友達に代弁してもらう日々が続くのだろうか。そうこうしているうちに新入生のための、一連の説明会も終わりを迎え、授業が本格的にスタートした。

「わからなくていいんだ！」——数学——

心配して損した

数学は、全部で四十一コースあり、過去の履修項目と成績、プレースメントテストによって、クラスが決まる。今年度、私がとっているのは、**Algebra**《アルジエブラ》 **II Honors**《オナーズ》（代数Ⅱ特進）のクラス。これ以前のコースとして**Geometry**《ジオメトリー》（幾何）、**Algebra I**（代数Ⅰ）があるのだが、これらはスキップしていいということになった。

しかし、なんといっても、数学の授業のスタイルが、今まで慣れてきたものと全く違うので、戸惑った。宿題は、新しい章を読んで、問題を二十問ほど解くこと。数学の授業の前日、ずらりと並ぶ問題を目の前にして、私は、焦《あせ》っていた。宿題は、授業で学んだページではなく、次の章だから全く知らない事項ばかり。何より量が多いから、今夜中に全部解くことは、とても無理だ。夜遅くまでかかって、やっとなんとか三分の二ほど仕上げ、全部できなかったことを大いに気にかけたまま、しかたなくベッドに入った。「宿題が全部できないなんて。オナークラスに入れられたのは間違いだったかも……」

ところが次の日、数学の授業が始まり、驚いた。先生のミスター・デマーコが教室に入ってくるなり、十二人の生徒が、前の晩の宿題でわからなかった箇所《かしょ》を口々に質問するのだ。

"Page 273, number 31 please!"（二百七十三ページの三十一番、お願いします！）

"Page 275, number 33 please!" 昨日できなかった問題を解決しておかないと困るのは自分なので、みんなアグレッシブだ。次から次に解説を要求する声が飛ぶ中、ミスター・デマーコが、黒板を使って説明していく。私が昨日できなかった問題も、もちろん取り上げられた。

「なんだ、全部できなくてもいいんじゃん。心配して損した」

授業は、わからないところを解決する場だということに、私はこの時、初めて気づく。さらに疑問があると、**extra help session**（質問タイム）を利用し、構内にある先生の家に行って宿題や、テストで間違えた箇所について聞くことができる。教師のほとんどが住み込みだから実現できるフォローシステムだ。

出なくなった声も四日目には戻り、私も、授業で「わからない」ことをアピールすることに慣れてきた。それにしても、相変わらず、宿題の量は多い。

二次関数も電卓で

数学で、私は卒業のために必須とされている最後のコースを取っているため、この後は、好きな分野を選択できる。今、私が興味を持っているのは**Probability**（確率論）や**Statistics**（統計論）。友人のなかには、**AP Calculus**（大学レベルの微分積分）のコースをとっている人も多いし、**Chaos, Fractals, and Dynamical Systems**（カオス理論）など名前を聞いてもなんだかわからないようなコースを選択している人までいる。

ただ、計算の分野では、九九を学ぶ日本人の方が有利だという気がする。ここでは、公式をたたきこむのではなく「なぜそうなのか」、「どうすればもっと簡単に解けるか」をディスカッションするため、計算は二の次にされがちなのだ。しかし、ミスター・デマーコは生徒の計算力低下を嘆《なげ》いていて、小テストなどでは電卓禁止にしている。

そんな、計算力重視のミスター・デマーコも、このクラスでは電卓の使用を認める。というよりも、グラフ電卓の使い方をマスターさせるのだ。日本では手書きだった二次関数のグラフも、電卓に数値を入力し、画面上に出して問題を解いていく。触ったこともないこの電卓を使いこなすのは大変で、初めのうちは、文庫本くらい厚みのある説明書を前に、苦戦していた。皮肉なことに、順列組み合わせ、log… といった問題もボタン一つで解けるようにプログラムされているのが、余計にややこしい。説明書を最初から読んでいく気にもならないので、「使っているうちにわかってくるだろう」と使い方をあらかじめマスターするのはあきらめた。

画面が広いこの電卓では、各種グラフや行列の計算も思いのままで、数式を入力して、人の顔などスクリーンに絵を描く人もいるぐらいだ。こんな風に使いこなしている人に教えてもらっているうちに、手にするのも怖かったこの複雑な電卓の扱いにも少しずつ慣れてきた。

また、この電卓は化学の授業でも大活躍で、実験の時には、装置にリンクケーブルで直接つなげば、結果をメモして手動で入力する手間も省《はぶ》ける。瞬時に正確なグラフが書ける優《すぐ》れものだとわかってきた。さらに全員のデータをパソコンにダウンロードしてクラス平均のグラフを書いたりと、今では、フル活用。使い方をマスターすれば、強い味方なのだ。

卒業のための必修単位と科目

	12単位 英語	6単位 歴史	9単位 理科	9単位 数学	9単位 語学（3年間またはレベル3まで）
1年（中学3年生）	文学入門	（選択）	物理	代数Ⅰ	レベル1
2年（高校1年生）	英作文と文学	世界史	化学	幾何	レベル2
3年（高校2年生）	アメリカ文学	アメリカ史	生物	代数Ⅱ	レベル3
4年（高校3年生）	←――――――	――――――	（選択）	――――――	――――――→

〈表以外に4単位が必要〉
心理学が1単位
宗教、または哲学が1単位
芸術（音楽、演劇、美術の3分野から）2単位

★上記は卒業までに最低限必要とされる単位。ただし、個人のペースに合わせて早めに取得し、より高度なクラスに進むことが可能。

★コースは280種類から選択可能。ちなみに数学は基礎的なものからカオス理論、線形代数等の高度なものまで41コース、語学は、仏、独、日、中、露、西、伊、ラテン語の56コースがある。

★1年は3学期制。各学期において、少なくとも、5つはクラスをとらなければいけない。

※成績のつけ方
成績は絶対評価。A+〜D-までは単位が認められ、Fが落第点。毎学期、学年主任とアドバイザー、各教科の担当教師からの詳しいコメントがついた成績表が、家に送られてくる。

化学の授業で先生の説明を聞く

一に実験、二にレポート　―化学―

M&Mからガンマ線まで

化学でも授業の進め方は、同じだ。宿題は、次の章を読んで問題を解くこと。そして授業で、わからなかった箇所が解決される。授業スタイルがわかってからも、化学では、英語での専門用語にてこずった。それから、宿題として必ず出されるのが、**lab report**（実験レポート）。

毎週月曜日の二、三時間目は、二時間続けての実験タイムだ。テーマは、**M&M**チョコレートの着色料の色を「茶色→赤、黄色、青」などに分ける実験から、ガンマ線が何を貫通するかを調べるなど様々。月曜日の化学では、ゴーグルを付けて実験室へ向かい、パートナーと一緒に器具を準備する。プリントに印刷された手順を追いながら、実験中も気を抜くことなく、気づいた変化などは細かくメモしておかなければいけない。危険が伴う場合は先生の指導が入るが、普段の指示は最小限だ。

ビニール袋を渡され、「二酸化炭素でいっぱいにしろ」とだけ言われたこともあった。ベーキングソーダ（重曹）と塩酸を何グラムずつ混合すれば、ちょうど良い量の二酸化炭素が発生するのか計算する必要がある。まず袋の体積を知るためには水でいっぱいにし、メスシリンダーで測ろうと思いついた。次に、部屋の気温や気圧、それぞれの物質の一モル（mol）当たりの重さを測定し、習ったばかりの計算方法を駆使して数字をはじき出した。

「どれどれ、この数字か？　合ってそうだな。よしっ、やってみよう！」先生のミスター・エマーソンから許可が下りたので、実際に塩酸をベーキングソーダの入った袋に注ぎ込んだ。発生した二酸化炭素が逃げないように漏斗《ろうと》を使い、見守る。みるみるうちに反応が進み、袋が膨《ふく》れあがった。「あっ、あふれる！　もしかしたら多すぎたのでは」一瞬、ひやっとしたが、次第に落ち着いてくれた。「微妙だな。でも合格！」とミスター・エマーソンにも認められ、パートナーとガッツポーズ。やはり自分たちで考えた部分が大きいほど、成功した時の喜びも大きい。失敗したらどうなるのか、若干心配な気持ちは心の片隅にあるが。

実験レポートの書き方

片づけを済ませ、部屋へ持ち帰るための細かいメモを集めていると、「それじゃ、今週中に実験レポートを提出するように」とミスター・エマーソンから指示が出た。『実験レポート』と言われても、どんなふうに書けばいいのだろう？　形式は、決まっているのか？　知らないものは、しかたない。実験レポートに対して全く知識がなかったので、私は、ミスター・エマーソンに質問するために教室に残った。

ホワイトボードを消しているミスター・エマーソンに声をかける。

"Excuse me, I have a question..."

次の授業の建物まで休み時間の十分以内で移動するのは、ただでさえ困難なため、私は急いで用件を切り出そうと焦っていた。そんな私をよそに、生徒が少しくらい遅れても気にしないミスター・エマーソンは、呑気《のんき》にドーナッツを勧めてくる。「えー、私、もうおなかいっぱい！　これ以上食べたら英語の授業へ行く坂を上がれないですよ」ミスター・エマーソンは、よくクラスのために街へ出てドーナッツを買ってきてくれる。ダンキン・ドーナッツの、小さくて丸い「ドーナッツ・ホール」を配ってくれるのだけれど、十一人のクラスには多すぎるため、五十個入りの箱が、授業中、何回も回ってくる。

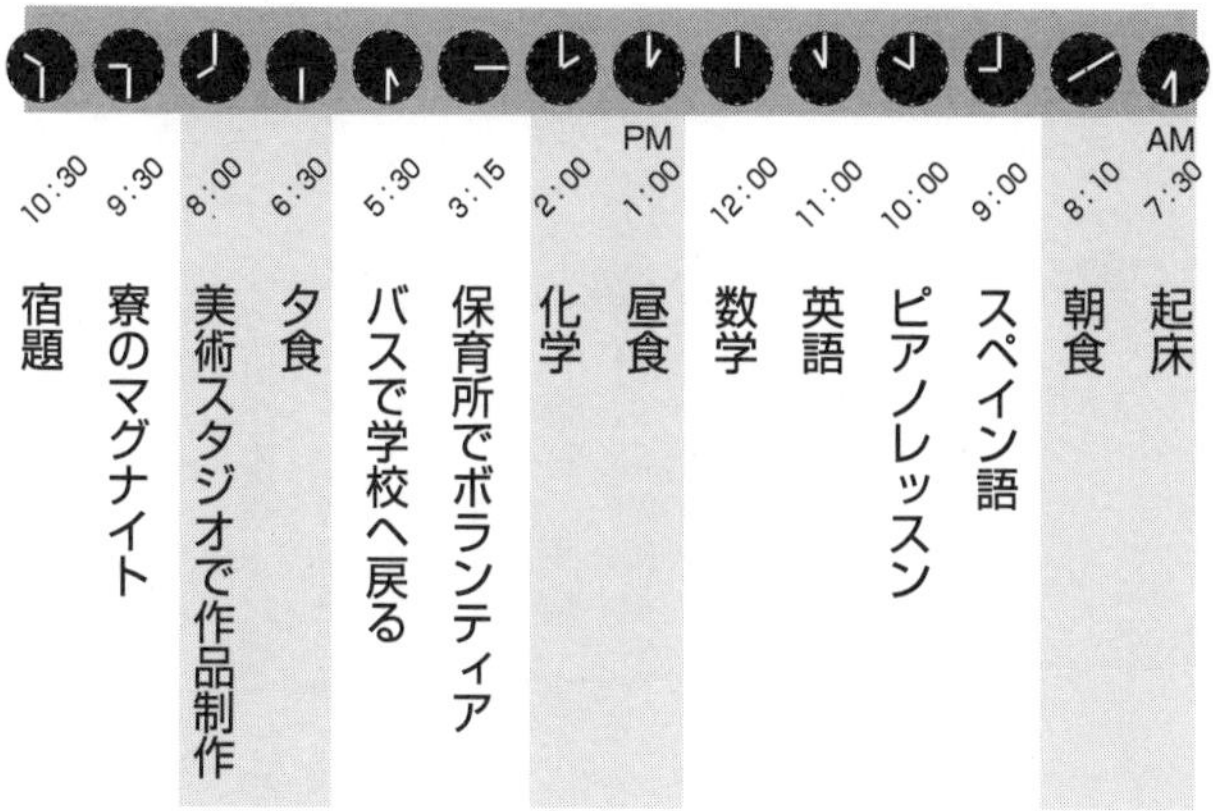

時刻	予定
AM 7:30	起床
8:10	朝食
9:00	スペイン語
10:00	ピアノレッスン
11:00	英語
12:00	数学
PM 1:00	昼食
2:00	化学
3:15	保育所でボランティア
5:30	バスで学校へ戻る
6:30	夕食
8:00	美術スタジオで作品制作
9:30	寮のマグナイト
10:30	宿題

一日のスケジュールモデル

学校では飲食が自由なので、他の授業の休み時間にも、クッキーをつまんだりできる。十一時から始まる三つの昼食ブロックのうち、一番最後の、一時からが私のランチタイム。だから、授業中でも、よっぽど「マナー」に厳しい先生でない限り、軽く何かを食べてもいいことが大助かりだ。寝坊して朝食を食べ損ねた日には、教室移動の途中にカフェテリアへ寄って、リンゴをかじりながら、またはピッツア一切れを片手に目的地の建物まで急ぐ時もある。

　ミスター・エマーソンは、「まあ、遠慮しないで」と、ドーナッツに合うと考えて持ってきたものなのか、オレンジジュースを紙コップに注いでいる。あふれそうなコップを受け取りながら、ようやく私は、肝心の質問をした。「実験レポートは、どのように書けばよいのですか？」

ミスター・エマーソンは、丁寧に解説してくれた。「必要なのは目的、手順と観察、結果と考察、そして一番のポイントは**error analysis**（エラー・アナリシス）、誤差やミスの分析だ……」ミスの分析が重視されるとは意外だったけれど、何度か実験を重ねるうちに必要性がわかった気がする。予想と実際の結果とのズレがなぜ生じたのか考えると、実験自体の理解も深まるし、次にはより正確なデータが出るように工夫できるのだ。

週の残りの日には、やはりクラス全員でディスカッションをする。決まった学習課程をたどるのではなく、月曜日の実験、または宿題で読んだ章や、テキストの問題などについて、誰かが投げかけた質問から始めるのだ。化学では、専門用語を覚え、実験レポートの書き方に慣れること……課題は、多い。

ネイティブでもする文法ミス　―英語―

Reikoで勝負

「レイコ！」

ある日、寮の廊下で、向かいの部屋のジュリアーナに呼び止められた。「レイコの名前ってユキオミシマの作品からつけられたの？」

「えっ？」何をいきなり言い出すのかと混乱している私をよそに、彼女は得意げに続けた。

「今、英語の授業で文学を勉強しているんだけれど、今週の短編がユキオミシマの《**Patriotism**》（ペイトリオティズム）なの。それで、その話に出てくる女の人の名前がレイコなんだ」

なんだ、そういうことだったのか。

「実は私、その本読んだことないんだよね。いい話？　気に入った？」と逆に彼女に質問してみる。

ジュリアーナは、「感想？　うーん。主人公の軍人がセップクするシーンがあまりにも生々しく描写されていて、正直言ってあんまりさわやかだと思わなかったけれど、全然知らない世界で興味深かったかな。なんだ、日本の人ならみんな読んでいるのかと思った」と少しがっかりした様子。

私は、世界文学のクラスならともかく、英語の授業で三島由紀夫が取り上げられている事実に驚いた。三島の作品をジュリアーナたちが学んでいて、私が知らないというのも変だけれど、考えてみれば、私は、確かに日本文学はあまり読んでいない。私の名前が、三島由紀夫の作品のヒロインにちなんでつけられたはずはないと自信はあるのだが、なんだか気になる……。

その晩、母にeメールで質問し、それは『憂国』という作品で、またジュリアーナが興味を持っている、自害する軍人の妻の名は「麗子」なので私の字と全く違うという情報を得て安心した。日本人なら漢字を見ればすぐにわかるのに、英語では**Reiko**は一通りしかないから、ジュリアーナが、全く同じ名前だと勘違いしてもしかたがない。

アメリカで私はいつも**Reiko**だ。「玲子」と漢字で書いた時の雰囲気、込められた思いが取り払われる。

ここに来たことは、**Reiko**で勝負することだったのかもしれない、と気づいた。

「ニューヨーク・タイムズ」の記者から学ぶ英語

隣のクラスがこのように英語の時間、文学を勉強しているころ、私のクラスでは文法とエッセイの書き方を学んでいた。日本での国語の授業にあたる英語は、高校では毎年必修。三年生はアメリカ文学と決まっているが、四年生の英語は、イギリス文学、詩、ノンフィクション、または「カラマゾフの兄弟」、「文学の中の狂気」などという専門的なコースの中から選択することになる。でもまだ二年生の私たちは、作文と文学全般を学ぶわけだ。

英語の授業は、いきなりテストから始まった。テストといっても、夏休みに読んだ課題図書の、あらすじや登場人物の心理について、**multiple**《マルティプル》 **choice**《チョイス》（記号選択）で答えるもの。入学四カ月前の五月、英語科から送られてきた「夏休みに読むべき本」のリストを見た私は、驚いた。課題図書はジョージ・オーウェルの『一九八四年』。これは、今まで読んできた本とは、全く違うシリアスな内容だ。以前、「朝日新聞」の天声人語で、全体主義の恐ろしさのたとえとしてビッグ・ブラザーのことが引用されているのを目にしたことがあるけれど、その本が課題図書だなんて……。本を読み終わってから学校が始まる九月までの時間が長かったため、書かれていた細かい内容まで覚えているか、正直言って少し不安だった。でも、テストはうまくいったので良いスタートを切れたと一安心。

その他、リストにあった推薦図書のうち、《**To Kill a Mockingbird**》(『アラバマ物語』)、《**The Day of the Jackal**》(『ジャッカルの日』)、《**Lord of the Flies**》(『蠅の王』)、《**Nine Stories**》(『ナインストーリーズ』)などを休み中に読んだ。『一九八四年』は、確かに楽しい本ではない。しかし、話題が思想や政治に及んだ時によく引用されるし、知っておくべき本なのだろう。せっかく全員が夏休み中に読んだのだからということで、この学年一斉テストの後、『一九八四年』についてクラスでディスカッションをしたり、エッセイの宿題を出したりした先生もいたという。でも、私のクラスでは、すぐさま文法の学習に入ったので、ホッとした。

先生のミスター・ロウェリーはチョート校が男子校だったころから、三十年以上教え続けている大ベテラン。エッセイのグレードを厳しくつけることで有名だけれど、教室にはいつも笑いが絶えない。退屈になりがちな文法も、大統領選挙前ならゴアやブッシュの名前を入れた例文などを挙げて、おもしろく説明してくれる。

しかし、日本語で学んできた六年間のブランクの後、九月から久しぶりに英語を使い出した私にとっては、どれも一から学ぶことばかり。毎晩、次の日のディスカッションのために、テキストに書かれた文法の規則を暗記するのに苦労した。普段の話し言葉では無視している規則も、正式な文章を書く時には気をつけなければいけない。例文を訂正し、理由まで明記する小テストにはクラス全員ひっかかってしまった。

なにしろ日ごろ、キャンパスで耳にする言葉は、英語の授業なら赤ペンでバツがつけられそうな文章ばかり。日本でも「正しい日本語」が叫ばれているけれど、やっぱり言葉は時代と共に変化していくものなのだろう。ミスター・ロウェリーに「最近、酷使されている間違った表現」として取り上げられたのは、文中でやたらと連呼される**“you know...”**やフレーズをつなぐ**“like...,”**、そして投げやりな**“Whatever.”**という受け答え。それに対し、論文を書く時は、きっちりと文語を使わなければいけない。故意に、会話などを話し言葉調にする時以外で、うっかり、本文中にいつもの英語が出てしまうと、**“colloquial”**《カロクイアル》（口語体）と厳しい注意書きがついてくる。

「ネイティブでもうっかりしてしまう間違い」の章では、実際に「ニューヨーク・タイムズ」

の有名記者がミスをした記事をサンプルとして学習した。「話の中でも、文章でも、ミスをしない自信がある」と言うミスター・ロウェリーの文法ミスを見つけることができたら、賞品が出るらしい。でも当分、私にそんな余裕はなさそうだ。

人気の外国語は？　—外国語—

目標はトライリンガル

外国語のクラスはフランス語、スペイン語、ラテン語、ドイツ語、ロシア語、イタリア語、中国語、日本語の中から選ぶことができる。チョート校は語学にも、とても力を入れていて、中には二つ外国語を選択している人もいる。私も、できることなら中国語やフランス語などにも挑戦したかったけれど、スケジュールが合わないので断念した。

私が選んだのはスペイン語。世界でも三番目に多くの人口が話し、広く母国語とされているほか、アメリカでも多くの人が使うため、自分も話せるようになりたいと思ったからだ。一年目の私が入った初級クラスは、たった九人のクラス。少人数なので、一人ひとりが話す機会が多く、練習になる。

授業は、弁護士の調査旅行記《DESTINOS《デスティノス》》というビデオシリーズを中心に進む。でもこの教材が、昼の連ドラ風なので、スペイン語の勉強はそっちのけでクラス全員、ストーリーラインに大爆笑。先生のミズ・シェパードが年度始めに「この、とっても……んー、素敵な番組を通して、読む、聞く、書く、話す、すべての力をつけるのよ」と吹き出しそうになりながら説明していた意味が今ではわかる。そんなことを言いながらも、オーバーにドラマティックなこの話に、みんな実はひきこまれている。一話が終わると「あっ、いいところなのに！」という声が教室で聞こえることも。このビデオシリーズは、アメリカの高校や大学の授業で使用されているだけでなく、日本でも、NHK教育テレビのスペイン語講座で使われていたことがある。

私は、三歳の時、父の仕事でアメリカのカリフォルニア州に渡り、四歳で **A Gift of Love** というプリスクールに通い始めた。英語は、ブランコを押してもらう時には、**"Push me."** というように、実生活のなかで少しずつ覚えていったようだ。そのなかでもお気に入りだったのが **Show and Tell**（ショー・アンド・テル）。自分の持ち物をクラスメートの前で紹介するのだが、私は、日本のおもちゃをたくさん持っていたから、週一度のこの時間に、「魔法使いサリーのタクト」や、「キティーのままごとセット」などを持参しては、紹介していた。例えば、おしゃべりするカラスのおもちゃを持っていった時は、**"This is my crow. She can speak."**（これは、私のおしゃべりができるカラスです）と言って、みんなに見せるのだ。

	(月)	(火)	(水)	(木)	(金)
1時間目 8：00~8：50	スペイン語	—	世界史	化学	—
2時間目 9：00~9：50	化学 (2時間続きで実験)	スペイン語	—	世界史	化学
3時間目 10：00~10：50	化学	—	ミーティング	—	世界史
4時間目 11：00~11：50	英語	英語	スペイン語	英語	英語
5時間目 12：00~12：50	数学	数学	—	数学	数学
6時間目 13：00~13：50	昼食 →				
7時間目 14：00~14：50	世界史	化学	—	スペイン語	—

※英語＝2年生の国語
※数学＝代数II

第二学年の時間割表（著者の場合）

このように、日本語も英語も、毎日の生活のなかで自然に覚えていった私にとって、スペイン語の授業は、言葉を文法から学ぶ初めての経験だ。会話をするのにも、動詞の活用をいちいち止まって考えないといけないのが、もどかしいし、長めの文章を読むのが課題だと、辞書で一語一語引いてやっと理解できるのが辛い。宿題には、ワークシートの他に、LLセンターでテープの聞き取りをしたり、パソコンで文法の問題を解いたりするものもある。

一学期半ばのある日、生徒が演じるスペイン語劇を観る宿題が出された。これは、アメリカに移民してきたヒスパニックの家族の話。プログラムをもらい、バイリンガルの演技だと知って正直なところ、安心した。時々入る英語の解説のおかげで、笑うところで笑えると、内心ホッとする。まず、生徒のパフォーマンスの素晴らしさにも感心したが、脚本も生徒によるものだと聞いて、さらに驚いた。この劇を観たことで、「早く、スペイン語の早口のセリフや、軽妙なジョークがわかるようになりたい」と学習に対する意識が高まった。

ビジネスに役立つ日本語

外国語として、日本語は、かなり人気がある。四つのレベルに分かれていて、初級クラスでは、まず会話から始め、平仮名を覚えていく。しかし、テキストを見させてもらうと、ビジネスマン用のフレーズが多い。「会社の後、飲み屋で会いましょう」という例文には思わず笑ってしまった。他には、インターネットを活用して日本の最近の話題を調べる宿題もあり、上級クラスになると小論文を書くほどになる。

英語のクラスでいつも隣に座るボブは、日本語の勉強にとても熱心だ。初めて会った時に、私が日本人だと知るとすぐさま、習ったばかりのフレーズを披露《ひろう》してくれた。

「ずっとアメリカにすんでいるのですか？」

「小さいころアメリカに住んでいて、あと中国の広州市で一年間、アメリカンスクールに通っていたけれど、この六年間は日本の学校に行っていたの」

「どうやって、エイゴべんきょうしたのですか？」

「日本に帰ってからは、アメリカの教科書でリーディングなどを勉強して、英語のスピーチコンテストや資格取得にも挑戦して……」

それに加え、語彙《ごい》を増やすために、日本の国語で学年に合わせて新出漢字を学ぶように、英語でも、その学年の新出単語の勉強をして、また中学校に入ってからは、書く力を伸ばすためにアリゾナ大学の通信教育で **writing**（英作文）のコースを取った。毎回、テーマにそって自分が書いたエッセイが丁寧に添削されて返ってくるのは、とてもためになったと思う、と残りは英語で会話した。

それにしても、日本語は外国語として学ぶには難しいと感じている私は、彼に疑問をぶつけた。「なぜ、日本語を選んだの？　難しくない？」

「ビジネスの世界で役に立つと思うから **useful, useful!**　それに、カタカナはあまりかわいくないけれど、ひらがなは、とてもきれいだから楽しんで覚えているよ」と彼は、自信たっぷりだ。

ひっかかるのは、助詞の「てにをは」。日本語を勉強している上級生にも、よく質問を受けるが、みんなが、すんなり納得できないのが、「正しい助詞の使い方」。どうして『道を歩く』なのか、相手にわかるように説明するのは、難しい。

そして、なんといっても、欧米の生徒にとって最大の難関は、漢字。アルファベットとは全く違うストロークに、みんな悪戦苦闘している様子だ。ボブいわく、「僕の場合、漢字はまだ図形として『描いている』気がするな。もっと練習して、漢字を本当に『書ける』ようにならなくっちゃ」その意気込みを聞くと、えらいなあと感心する。

プレップスクール式授業　―世界史―

現代にもつながる宗教の学習

世界史は、一クラス十二人。ディスカッション中心の授業に、積極的に参加するためには、当日の授業の範囲のテーマや時代背景をできるだけ把握しておく必要がある。授業とは、前日の予習を基に意見交換し、さらに理解を深める場。だから宿題で、自分が新たにわかったこと、まだわからないことを明確にしておくことが不可欠だ。

必修科目である世界史の宿題は、毎晩、課題の単元を読み、ルーズリーフに自分で要点をまとめ、驚いたことなど「リアクション」を書くこと。授業は、決まった順序では進まない。テキストを読んで疑問に思ったこと、おもしろいと感じたことを誰かが発表し、そこから始まる。必要なポイントはどれもカバーするように質問を投げかけ、ディスカッションをうまく誘導していくのは、先生の役目だ。

しかし、この授業スタイルに慣れるまでは、大変だった。しかも、九月の第一回目の授業テーマが、いきなり「キリスト教の分裂と **Byzantine Empire**（ビザンティン帝国）の形成」。日本ではあまり触れなかった宗教の分野から入ったので、なおさらわかりにくかったのだ。宗教の分野には馴染みが薄かったが、学習していくうちに、現代の世界情勢を正しく理解する上で大切なトピックだと気づく。この授業で少しでも知識を深めることができてよかった。

教科書総重量十キログラム

《**The Earth and Its Peoples**》（世界とその人々）という世界史のテキストのあまりの詳し

厚さ3.5㎝の世界史教科書

さには、びっくりしたが、先生のミズ・ブローコーから「今までの高校生用では、あなたたちには物足りないから」という理由で、今年から大学生用のテキストに変更になったと聞いて納得した。ハードカバーのテキストは、カラー写真や図解が多く、教科書と資料集が一冊になっている分、九百五十ページ、約二キログラムとずっしり重い。厚さ三・五センチ、値段は約一万円で、一年間使い終わるとスクールストアに売り払うことができる。ただし、先生によって使用する本が違うので、どの出版社のものでも買い取ってくれるとは限らない。

他の教科のテキストもほぼ同じつくりだ。昼食の休憩まで一気に授業が続く私のスケジュールだと、これが何冊も詰まったリュックを背負って、教室移動のたびにキャンパス内に点在する建物を行き来することになってしまう。教科書が重いという苦情は、よく耳にする。何ごとにも合理的なアメリカなのだから、内容はそのままで上巻・下巻にわけ、丈夫で、かつ軽い表紙をつけるなど、工夫できないものだろうか。

初めての研究論文

世界史の授業では、毎日一つの単元を進めて、一週間で一章をカバーしていく。例えば、**1**「地方の成長と諸問題」、**2**「都市の再復興」、**3**「ルネサンスとその影響」、**4**「絶対王政の発達」の四単元から構成されている、第十六章「一二〇〇—一五〇〇年のヨーロッパ」を一週間で仕上げるわけだ。各章の終わりは、小テストか論文で締めくくられる。

第十八章、「一五〇〇—一七五〇年、ヨーロッパの変革」の最終日、初めての **research paper**（研究論文）の宿題が出された。自分で **thesis**（論題）を決め、五～六ページと普段より長めの論文を書き上げるという。

テーマは自由に選んでよいというので、私は、すぐに「ヨーロッパの **Absolutism**《アブソルーティズム》（絶対王政）を取り上げたい！」と言った。すると、ミズ・ブローコーからアドバイスを受けた。

「絶対王政？　もっと焦点をしぼらなきゃ。例えば、エリザベス一世の生涯を調べたいの？　それとも、ルイ十四世の政治について書くの？」

かなり長い論文だから、広い論題で良いのかと思っていたけれど、もっと具体的なテーマが必要らしい。太陽王ルイやエリザベス女王なら、映画になっているくらいだし、話題が多くて主人公として魅力的。でも私は、少し予備知識があるイギリスやフランスではなく、あえてスペインの絶対王政を選ぶことにした。十六世紀ごろ、絶頂期を迎えてから力を失うまでの動きがとても派手だから、黄金時代がすぐ幕を閉じたのには、きっと原因があるはず。一体、この一世紀間に何が起こったのか、気になったのだ。この「知りたい！」という気持ちが研究論文の命。「スペイン帝国の興亡」、とテーマが決まったところで、さっそく、調査を開始した。

まずは、五万九千冊の蔵書を誇る図書室、**Andrew Mellon Library** へ。ずっしりと重い木のドアを開け、レセプションなどが行われる「リーディング・ルーム」に足を踏み入れると、「図書室」というより「図書館」と呼んだ方が良さそうな印象だ。柱時計や油絵が飾られたこの部屋には、快適な読書のために深紅のビロード張りのひじ掛け椅子や、座り心地の良さそうなソファが置いてある。そして、円い小さめのテーブルに展示してあるのは、話題の新刊や、タイムリーなトピックに合った本。

チョート校卒業生の著作コーナーを通り過ぎて奥へ進むと、パソコンやスキャナ、コピー機が揃っていて、調べものや宿題をする環境が整っている。各種辞典や雑誌、レンタルできるビデオの種類だけでもすごいのに、この階に置いてあるのは蔵書のほんの一部。残りの本は、地

論文のために図書室で借りたスペイン関連の書籍

下に、「美術」、「歴史」などと部屋ごとに並んでいる。一部、貸し出し禁止の本以外、生徒は何冊でも借りることができるが、返却日を過ぎると罰金を取られる。データはすべてパソコンで管理されているので、期限が近づくと郵便ボックスに警告が届くのだ。パソコンで検索するとスペイン関係だけで信じられないほどの本があるとわかったので、その部屋を探しに地下へ降りていった。

一つの棚を、スペイン帝国に関係する本が埋め尽くしている。しばらく座り込んで自分のレポートを書くために必要な本を十冊に絞り込んだ。両手に本をかかえこみ、階段を一階へ上がると研究論文の書き方についての本も一冊借りた。研究論文を書くのは初めてなので、形式などを参考にする必要があったのだ。

これほど大きな課題だと、締め切りの二週間前から取りかかることになるが、他の教科の宿題もあって、毎日この論文に時間は取れない。部屋に戻り、せめて構成だけでも週末に一気にまとめようと本を広げてみると、足の踏み場もなくなってしまう。まずは借りてきた本をすべて読むところから始めなくてはいけない。しかし、借りてきた専門書は思っていたより詳しく、読み進めていくうちに余計こんがらがってくる。テキストを一通り読んで、理解していたと信じ込んでいたのだが……。

とりあえず積み上げた本を、一冊ずつ根気強くチェックし、使えそうなところを付せんでマークする作業を進めた。いつもの論文では資料はあくまでも参考にする程度に過ぎないのだが、今回は研究論文というだけあって有効な文章をいかに引用し、自分の意見を証拠づけることができるかが勝負だ。

知的財産のドロボーはいけない

文をいくつか引用する時には大変気を遣う。まずは、決まったフォーマットに沿《そ》って、文の終わりに著者とページ番号をかっこ内に示す。そして論文の最後には参考書目録をつけ、著者の名字のアルファベット順に、書名、出版社と都市名、そして初版の年までをリストしなければいけない。インターネットで調べた情報の場合は、サイトのアドレスはもちろん、日付も明記する。初めての論文提出の時は、書名に引く下線と出版社の後のコンマが抜けていることをミズ・ブローコーに指摘されたが、このようなルールを守る習慣を身につけておくことは、大切だ。

それにしても、このようにplagiarism《プレージャリズム》（剽窃《ひょうせつ》）の問題に関してはとても厳しく、他人の文を無断で引用すると処罰を受ける。例えば、「インターネット上で見つけたエッセイを自分のものとして提出した」などという悪質なケースだと、退学処分だ。本から得た知識を、文中にそのまま組み込まず、自分の言葉で言い換える時でも、情報源を明記しなければならない。

膨大な資料を整理しながら新しいことを多く学び、やはり締め切り直前、明け方までかかって書き上げたこの研究論文。自分ではスペインの黄金時代がなぜ終わりを迎えたのかをわかりやすく説明したつもりで提出した論文だったが、一週間後には「主張の正当性を証明するために具体例をあげる必要がある」「ここのつながりを、もっとはっきり」などミズ・ブローコーから細かいコメントがついて返されてきた。それに加えて、論文全体の構成や文の表現などに対する厳しいチェックが、ムラサキ色のペンでぎっしりと書き込まれている。

初めての研究論文を全力投球で仕上げ、自信満々だった私の黄金時代も、そう長くは続かなかった。周囲にも、「歴史の論文で、英語の授業のエッセイでないのだから……」とぼやく人がいるけれど、こうやって私たちの文章も鍛《きた》えられていくのだろう。まだまだ、修行が必要だと実感する。

蒙古がアラスカにたどりついていたら

日本の中学でも社会は特に好きな科目だったが、そこで学んだ歴史は、日本史が中心で、世界史も日本に関係のあることが主だった。こちらでは、もちろん日本の視点からではなく、全般的な世界史を学ぶ。日本が初めて登場したのは第十四章、「モンゴル勢力の拡大」。

中央アジアを拠点に、西は、中東やヨーロッパまで領土を広げたモンゴル勢力。帝国が分裂した後も、元がついに日本にまで手を伸ばした……というストーリー展開だ。そのころの日本国内の政治情勢、幕府の動揺と対策、そして日本のピンチを救った暴風雨、と思ったより詳しく学んだ。「日本はこの時もラッキーだったよね」ということで、日本は、実は何度も危機を乗り越え、「第二次世界大戦まで、決定的な敗戦をしていない」ということに気づかされた。

この世界史の授業で興味深かったのは、ただ事実を学ぶだけでなく「もしそうなっていなかったら……」というところまで頭を働かせて考えたことだ。ミズ・ブローコーが「もしこの時、日本が元に占領されていたらどうなっていただろう?」と尋ねる。この問いかけに対する結論は、「元は、日本を占領したとしても、税金さえ徴収できるしくみをとれれば、日本に自治をまかせたのではないだろうか」「でも、国際色が強くなった分、長年築きあげた日本特有の伝統は、失われたよね」というところに落ち着いた。

ミズ・ブローコーがさらに、「もしモンゴル帝国が、ロシアからアラスカを通じて北アメリカをも支配していたらどうなったと思う？」と投げかけ、その時、起こりうる可能性についても想像してみた。「自力で史上最大の帝国をつくっていてカッコいいからOKだよ」とビルが呑気なことを言えば、「でも戦う相手がこんなに強かったら四世紀後、北アメリカへ来たヨーロッパ人たちも苦労したと思うわ」レベッカが、鋭い指摘をする。このように、歴史を違う角度から見てみると新発見がある。

初めは、馴染みの薄いテーマに戸惑った世界史の授業。しかし、歴史を自分達の方へ引き寄せて柔軟に考えていくこの授業スタイルによって、史実を「もう過ぎてしまって、自分たちに関係ないこと」としてではなく、「常に変化を遂げる、生きているもの」として学ぶ楽しさを知った。

驚きの連続・学校生活

日の丸VSメープル

ルームメイトのリディアは夜、何時まででも起きていられる私と違って、すぐ寝てしまう。

そのかわり、明け方に起きて、宿題を済ます。生活習慣が正反対なので、最初のうちは気を遣い、相手が寝ていると、廊下で作業をしていた。しかし、一緒に住むうちに、お互い鈍感になってきて、パソコンのキーがカタカタいってようが、音楽がかかってようが、ベッドに入ると何も聞こえなくなってきた。ぐっすり眠れるのはいいけれど、朝、目覚まし時計が鳴っているのにも気づかないのは、困る。

リディアは、アイスホッケーのスター選手で、カナダのナショナルチームでプレイするために学校を欠席するほどだ。まだ九月なのに、「リンクに氷が張る冬が待ち切れない」と言っている。彼女の出身地、カナダのニューブランズウィック州は、ちょうどメイン州の北、アメリカとの国境をわたったところで、『赤毛のアン』で有名なプリンス・エドワード島の近くだという。とても愛国心が強い彼女は、袋いっぱいの小さなカナダ国旗のバッジを会う人みんなに配っていた。

そんな彼女が初めての日、部屋に到着するなり真っ先にしたことは、カエデの葉のカナダ国旗と、カラフルな船の州旗を壁にかけることだった。「旗が不愉快だと、ごめんね」と謝るので、私は平気だと答えた。私だって、家から持ってきた写真などをさっそく壁に貼《は》っているわけだし。だから、彼女が、「自分のメープルが部屋を圧倒している」と、ずっと気にしていたなんて、知らなかった。

寮の部屋に対峙するカナダと日本の国旗

九月も終わりに近づき、学校生活にも慣れてきたある日のこと、寮に帰ってきた私は、自分の部屋の入り口で立ち止まってしまった。私のタンス側の壁に巨大な日の丸がかかっている。屋外で国旗掲揚をするサイズだ。「今日、お母さんが送ってきてくれたの」とリディアがうれしそうに、彼女の母親からの手紙を私に差し出す。『**Dear Reiko,** 遅くなってごめんなさい。日本の国旗は、シンプルなデザインだから白と赤の布を買ってきて自分で作れるかと思ったけれど、意外と難しかったので、町で買ってきた旗を送ります。リディアの母、ウェンディーより』

「レイコが帰ってくるまでに壁にかけることができてよかった。素敵なサプライズでしょ、どう、びっくりした？」

確かにびっくりしたけれど、驚きの種類が違う。親切な気持ちはありがたいが、壁一面を占領する旗は困る。しかし、そうとは、とても言えない。

「ありがとう！　部屋が、すごく……インターナショナルな雰囲気になったよね。あの……色、そう、色がどっちも赤と白でしょ？　カラーコーディネイトが効いてるよね」

部屋に入って来る人は必ず「愛国心比べ？　ルームメイトのケンカが戦争に発展しないようにね」などと、巨大な二つの旗についてコメントする。一年間、苦笑いでごまかし通すしかない。

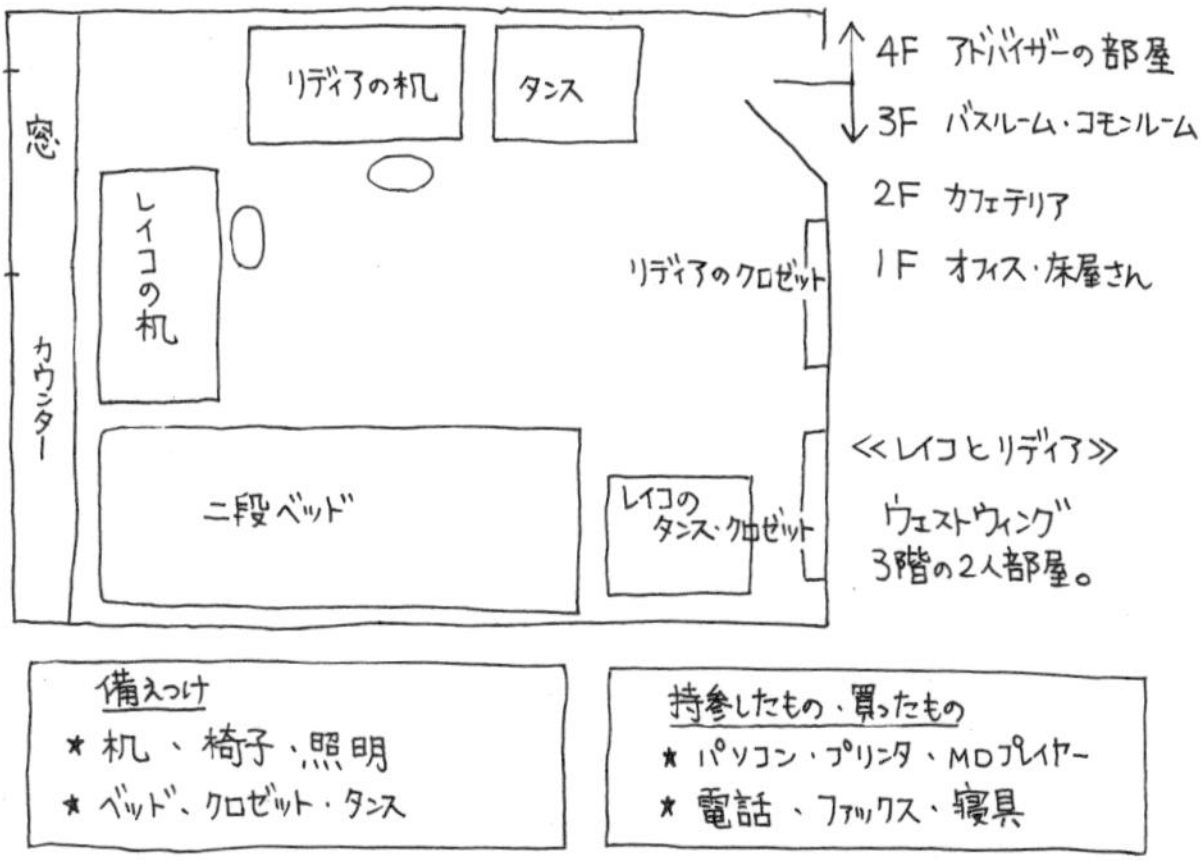
リディアの机
タンス
窓
レイコの机
カウンター
リディアのクロゼット
二段ベッド
レイコの タンス・クロゼット
4F アドバイザーの部屋
3F バスルーム・コモンルーム
2F カフェテリア
1F オフィス・床屋さん
≪レイコとリディア≫
ウェストウィング
3階の2人部屋。
備えつけ
★ 机、椅子、照明
★ ベッド、クロゼット・タンス
持参したもの、買ったもの
★ パソコン・プリンタ、MDプレイヤー
★ 電話、ファックス、寝具

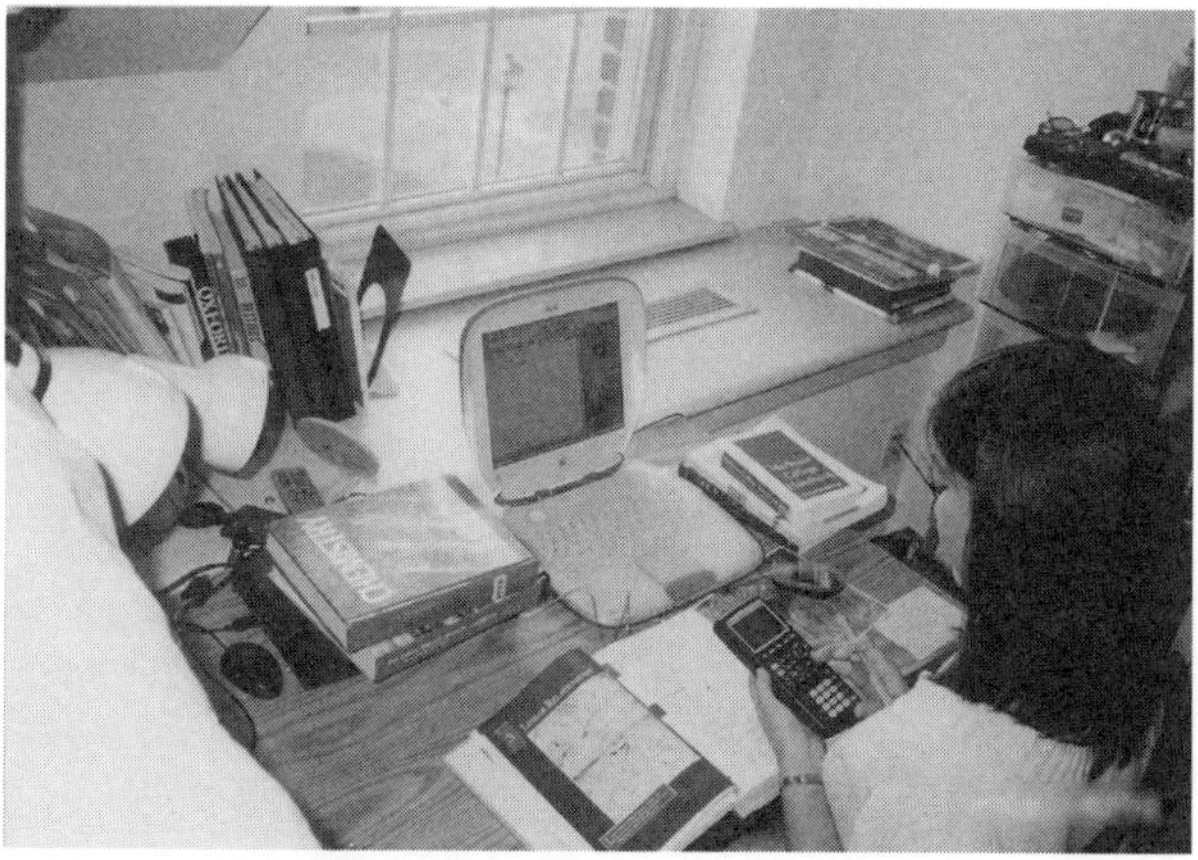

部屋のレイアウトとデスクの様子

エイジ豆腐にまぐろアップル巻き

スポーツは、学校生活の中でも重要なウェイトを占める。授業が終わる午後三時からは、スポーツの時間で、各学期ごとに好きな種目を選択できる。選択肢は季節によって様々で、選ぶのに苦労するほどだ。バスケットボール、サッカー、野球、陸上などはもちろん、射撃やゴルフ、スキー、温水プールでのスキューバダイビングまである。

私は、一学期、ダンスを選択した。月曜日はジャズ、火曜日はモダン、と様々なジャンルのダンスレッスンが週に四日間。練習のない日には、体育館のガラスドーム式天井から差し込む光の下、各種コートと室内トラック、スポーツジムなどの施設が利用できる。部活動にあたるチームスポーツではみんなとても真剣だけれど、ダンスは比較的リラックスした雰囲気。公立図書館で地元の子供たちのためにダンスレッスンを開講したりと楽しんだ。

そして、十月最初の土曜日には、ライバル校とのスポーツ試合が行われた。宿敵 **Phillips Academy Andover**（フィリップスアカデミー・アンドバー）校を迎えてのホーム試合なので、応援にも熱が入る。マサチューセッツ州、ボストン市の北にあるアンドバー校は、ブッシュ大統領親子の母校。日本からは新島襄《にいじまじょう》が一八六七年に卒業している。そういえば、中学校の修学旅行で京都を訪れた時に見た同志社大学のレンガ造りの建物は、アンドバー校のキャンパス

試合前、ウォーミングアップ中のアメフトチーム

に似ている気がしないでもない。
　この日は、私も対抗試合に参加している友達の観戦に駆けつけた。フィールドホッケー、クルー（カッターボート）などプレップスクールの伝統的な競技を生で見るのは、初めてだ。なんといっても、一番の人気は、アメフト。私の三倍はありそうな体格の選手は近くで見ると怖いくらいで、プレーは迫力満点。初めは理解できなかったルールも、よく知っている友達に説明してもらい、試合展開についていけるようになってきた。しかし、声がかれるまで応援したにもかかわらず、チョート校は大敗。
　試合終了後、元気を取り戻そうと、みんなで新しく開店したばかりの日本食レストラン、スシハウスへ出かけることにした。まだ学校のペースに慣れるのは大変だけれど、週末はホッと一息つける時。学校側も頻繁にダンスパーティーを開いたり、映画館やショッピングモールへシャトルバスを出してくれるし、このように友達と町へ出かけることも多い。

私は、久しぶりの和食がすごく楽しみ。この辺りでは、日本食は高級なイメージがあり、実際、店内は、おしゃれな雰囲気で、品数も多かった。注文は英語なのだが、一応、私が、みんなの希望の品をオーダーする。「味噌汁が六つ、冷ややっこを一つ、寿司セットが三つ、天ぷらを二皿、鍋焼きうどんを一つ……」

ミッシェルが「待って。あと、エイジトーフ四つね」と付け足す。「エイジ豆腐？」と思わず聞き返してしまった。差し出されたメニューで確認すると、なんと「揚げ豆腐」――英語で“Age Tofu”とかかれているので「年齢」の“age”エイジ、と読んだと納得。寿司はみんな知っているだろうと思っていたが、揚げ豆腐が人気とは意外だった。確かに、豆腐は最近、健康食品として広まっていて、学校のサラダバーにも置いてある。サラダにどう取り入れるのか不思議だった私も、モヤシを添えて、醬油《しょうゆ》をかけて、食べてみたことがある。でも、スーパーに牛乳パック入りで売られている豆腐のようで固く、日本のものとは比べ物にならないというのが、感想。みんなも、「おいしい」というより「ヘルシーだから」食べているみたいだ。

いざ料理が来ると、みんなコーラを片手に味噌汁をスプーンで飲み始める。私が注文した天ぷらの皿には、海老、白身魚、カボチャに加えて、ズッキーニ、ブロッコリー、バナナ、アイスクリーム。期待していたイカ、ナスとは違っていたけれど、なかなかおいしい。それにしても変わった天ぷらだな、と考えていると、メラニーが皿いっぱいの巻き寿司を勧めてくる。

「レイコ、『まぐろアップル』と『うなぎバナナ』、どっちがいい?」

「まぐろ、なんだって?」

アボガドとカニかまのカリフォルニアロールは私も抵抗なく食べるけれど、鰻《うなぎ》にバナナはどうだろう。せっかくなので、両方、試食した。本格的とは言えない組み合わせだけれど、食感はマッチしている。

「そうだね、『うなぎアップル』、『まぐろバナナ』という、逆の組み合わせよりは、ずっといい!」

日本のカレーうどんやおもちピザ、アメリカのオリジナル寿司……本場の味とは違っても、抵抗なく異文化がミックスできてしまう「食べ物」はすごいと思う。

親も参加、の参観日

新学期早々、日本から持ってきていたノートパソコンの調子が悪くなった。ここでの一日は、朝、eメールをチェックすることから始まる。全校生徒への連絡もキャンパスネットを通じてくるし、先生が直接、メールで用件を伝えてくることもある。宿題のリサーチはインターネットで行い、論文もタイプする。宿題をメールで送るように指示する先生もいるぐらいだから、自分のパソコンがないと、キャンパス生活が成り立たない。リスが電線を噛《か》み切って感電し、学校中が停電になった日にも、パソコンでやっていたスペイン語の宿題が消えてしまい大変だったのだ。生徒にとって命綱のように大切なパソコンが、繰り返しフリーズするというのは、致命的な問題だった。

二カ月近くパソコンのトラブルに悩まされた末、やっと、この問題が解決しそうになった。十月二十六日から、**parents**《ペアレンツ》 **weekend**《ウイークエンド》（参観日）が始まる。母と妹の理香が、日本からはるばる来てくれるというので、ずっと楽しみにしていたのだが、その時、新しいパソコンを持ってきてくれることになったのだ。

三日間、開催される授業参観会は、親も参加する形で、自分の子供の横に座り、一緒に授業を受ける。中には、発言をする親もいるほどだ。そして、個別面談では、各教科の先生と話をする機会がある。

九月七日に新年度が始まり、さっそく先生と親との懇談会があるというのは、早いうちに新しい先生と授業を紹介するという意味があるのだと思う。私の母も、それぞれの先生と話をすることができて、とても安心したし、また、私の友人や同級生たちに会ってその個性の強さに圧倒されたらしい。その後、祖父母のための参観日も開かれた。サングラスにピンクのスーツ姿、とアメリカのおばあちゃんは元気で、授業だけでなく、スポーツに参加する姿も見られた。

極東フォント?

「レイコのところに日本語のマッキントッシュがある」という噂が広まり、友達が、わざわざ新しいパソコンを触りに来る。みんな、キーに日本語が書いてあるのが珍しいのだ。ルームメイトのリディアは、アイコンの配置を覚えて、操作ができるため、友達を呼んで来ては日本語がわかるふりをする。「これ、『キャンセル』って書いてあるの。これは、『OK』……」厳密に言うと「保存」だったけれど、ご機嫌なので放っておく。

同じ歴史のクラスのレベッカは、宿題のプレゼンテーション制作のパートナー。部屋に入ってくるなり、「新しいパソコンだ! かわいい、実は私も同じ機種、ただ色が……」と言いかけてキーボードを見るなり「何、これ?」と叫ぶ。「すごい、日本語でタッチタイプできるの?」と驚くので、「いやっ、英語のキー配列しか知らないよ」とローマ字入力の仕組みを説明した。実際に文章を打って見せると、漢字変換の時、数種類の漢字から選ぶ仕組みに驚いていた。「難しそう。私は英語で充分だな」英数入力に変えてあげると、ネット上でコピーした画像に説明を付ける作業を進めている。

ベッドに寝そべり、教科書で事実の確認をしていた私は「うわぁ!」というレベッカの声で、顔を上げた。調子良く打っているうち、指がスペースバーの隣のかなキーに触れたらしい。画面に突然現れたひらがなにギョッとしていた。

プレゼンテーション作成に使ったのは、もちろん英語。無事、私の部屋で仕上げたプレゼンテーションのファイルを教室のパソコンへ送ることができた。でも、次の日、教室のパソコンからパワーポイントを立ち上げると、ソフトの関係か、どうも様子がおかしい。警告音と共に、スクリーンに英語のエラーメッセージが出た。

“Far East Text…”「極東フォント使用のため、一部、不具合が生じる場合があります」

タイタニックの次はお化け屋敷？

秋の気配が訪れたキャンパスで、十月下旬に**Harvest**《ハーベスト》 **Fest**《フェスト》（収穫祭）が開かれた。青空に、木々の赤や黄色、オレンジ色が映える。入学からほぼ二カ月、このころには私も徐々に学校生活のリズムに慣れてきていて、この日はお祭り気分を楽しめそうだった。日本でいう学園祭のような、このフェストに向けて、各クラブとも九月の入学直後から準備を進めてきた。活動は完全に生徒主催で行われ、それぞれのブースで上げた利益は、クラブの貴重な予算となる。

チョート校には、クラブ、委員会などが五十以上あり、各自の興味に合わせていくつでも選ぶことができる。オンラインで架空の取引をする株取引クラブ、ＣＤを発売したアカペラユニ

2000〜2001年度　年間カレンダー

2000年	
9月	入学式・始業式 1学期開始 大統領選関連のイベント（9月から11月にかけて）
10月	参観会（10/26〜10/28） 秋のロング・ウィークエンド（10/28〜10/30） ハーベストフェスト（収穫祭）
11月	1学期終了／期末試験 感謝祭休暇（11/21〜11/29） 2学期開始
12月	ホリデー・ボール（クリスマス舞踏会） 冬休み（12/15〜1/2）

2001年	
1月	授業再開 ニューヨークで課外学習
2月	冬のロング・ウィークエンド（2/2〜2/6） 2学期終了／期末試験 春休み（2/28〜3/20）
3月	3学期開始
4月	参観会 春のロング・ウィークエンド（4/27〜4/30）
5月	3、4ボール（春の舞踏会） リユニオン・ウィークエンド（同窓生が学校を訪問） スプリングフェスト（春の祭り） パリ講和会議再考（2年生） ガーデンパーティー、卒業プロム（上級生） 3学期終了／期末試験
6月	SAT II テスト プライズ・デー（終業式） コメンスメント（卒業式） 夏休み（6/1〜9/6）

年間の主な行事

ット……政治活動、文化交流、ボランティア活動など種類は様々。

メディア関連で主流になるのは《The News》（ザ・ニュース）という学校新聞で、私も食堂や寮、図書室で毎週欠かさず読んでいる。車で三十分ぐらいの距離にあるニューヘブン市の、印刷所で行われる印刷作業の担当者、町のＣＤストアやピザ屋さんから広告を取ってくるアド担当者など、制作者はみんな生徒。私も来年は、編集委員として参加したいと思っている。この新聞は、生徒の家庭も年間五十ドルで購読できるので、私の家にも届く。

クラブ以外でも、得意教科の「家庭教師」、パソコンのトラブルの相談にのってくれる生徒グループなど、困った時のサポートシステムがとても充実している。規則違反の結果の停学・退学処分など、生徒の処罰を決める機関には、教師側だけでなく、生徒代表も決定に参加する。メンバーは、「司法の仕事の勉強になる」と真剣。このように、直接、将来の仕事につながる活動もある。

フェスト当日、私は、ジャパニーズクラブのメンバーとして、かき氷やたこ焼きを売るブースの手伝いをした。ジャパニーズクラブといっても、日本に興味がある人なら誰でも入ることができるから、メンバーの数もかなり多い。

生徒のバンド、そして地元で有名なロックグループのライブで音楽も充実。ハロウィンが近いため、カボチャに顔の絵柄をくり抜くコンテストなども行われ、寮対抗の綱引きで、私たちウエストウィングは準優勝した。アナウンスを担当したのはキャンパスラジオの生徒DＪ。普段は、キャンパスラジオ局で人気の音楽や軽妙なトークで毎週、番組を盛り上げ、週末のダンスパーティーでのライブDＪも務める。

このフェストでは、キャンパスを走り回る子供たちの姿が見られた。**Big Brother, Big Sister**（ビッグブラザー、ビッグシスター）というボランティア活動に参加している生徒が、それぞれの「弟、妹」を招待したのだ。これは、地元の子供たちと毎週日曜日に会い、話し相手になったり、一緒に遊んだりして「お兄さん、お姉さん」役になるという活動。子供たちは「クレープ買って！　次は、わたあめ！」とお祭りに大喜びだ。

晴天に恵まれ、祭りの雰囲気を楽しんだハーベストフェスト

元気いっぱいなのは、ちびっこだけではない。生徒たちも、ホットドッグや焼そばを片手に、様々なゲームに挑んでいる。一つのブースから、すごい歓声と笑い声が聞こえてくる。何をそんなに盛り上がっているのかと近づいてみると、ホイップクリームの山の中に埋もれたグミキャンディーを探す競技だった。手を後ろでしばら

れているため、挑戦者たちは顔を生クリームに突っ込み、上半身、真っ白になっている。隣の「先生にパイ投げ」のコーナーでは、進み出た先生たちが次々に犠牲になっていた。「経費削減」ということで、実際はホイップクリームをいっぱいに盛った紙皿が代用されている。

そして広場の中央には、タイタニック号が沈没するシーンをイメージした、ビニールの船首が垂直に立っていた。この巨大なすべり台にはしゃぐ高校生たちを見て、あるアイディアが、閃《ひらめ》いた。来年は、ジャパニーズクラブでお化け屋敷を開設したら人気がでるのではないだろうか？

二〇〇〇年大統領選

政治家の卵たち

二〇〇〇年大統領選で大いに盛り上がりを見せるアメリカ。チョート校はケネディー大統領の母校でもあり、政治関係の授業やイベントが多い。九月下旬には早くも、十一月に行われる大統領選挙に関連するイベントがキャンパスで行われた。特別日課が組まれ、パネルディスカッションのために全校生徒が集まった。司会者は、本校卒業生の政治ニュースキャスター。

2000年10月11日に行われたゴアとブッシュの
二回目のTV討論の様子（ロイター・サン）

そしてゲストは、共和党代表として州の行政官、民主党派の政治雑誌の編集長、そして第三党の立場を代表して、改革党候補であるパット・ブキャナン氏の選挙責任者。まるでテレビディベート並みの豪華な顔ぶれに、期待感が高まる。

大ホールは満員。「二〇〇〇年ゴア」のロゴ入りポロシャツ姿、またはブレザーに「ブッシュ」のバッジをつけたりと、やる気満々の生徒の姿もある。また、選挙権のある十八歳以上の生徒と職員は、自分が投じる一票の行方を定めるのに真剣だ。

この日、各党の代表者による白熱した議論に、会場は熱気に包まれた。質疑応答タイムには、生徒からも外交、教育、銃規制などの分野について、鋭い指摘が飛び出す。迫力満点のパネルディスカッションに参加できたのは、貴重な体験だ。

生徒の中には、政治に特別、興味がある人だけでなく、実際に関係ある人がいる。驚いたのは、「うちは民主党」などと、党に対する思い入れが強い人が結構いること。友達のスーザンは、「みんな共和党を支持すればいいのに。お金、もらえるのよ」という発言で物議を醸《かも》していた。また、二カ月半後にブッシュ候補の当選が決まったころ、同じ世界史のクラスのジェシカをしばらく見ないと思ったら、彼女のルームメイトから「祝賀パーティーに参加するため自家用機でフロリダに飛んだらしい」と聞いてびっくり、というようなこともあった。

大統領選の二〇〇〇年、チョート校で一番精力的に活動しているのは、ヤング・リパブリカンズ（共和党クラブ）とチョート・デモクラッツ（民主党クラブ）という二つのクラブのメンバーたち。校内で候補者の政策をアピールしたり、地元の選挙団体の世論調査を手伝ったりと大忙しだが、両者の議論を正式に戦わせるために生徒主催のディベート大会が、急遽《きゅうきょ》開催された。フェアな議論を実現するために、進行役は先生が務める。ゴア、ブッシュ両候補の政策について、さらに理解を深めたい人、関心のある人なら誰でも見学に行くことができた。

まずは、大きな焦点の一つになっている減税問題から。「金持ちを優遇する政策には賛成できない」と、民主党が、共和党の減税案を批判すると、共和党はすぐさま反論。「裕福層はそれだけ税金を払っているのだから公平だ。民主党に任せておくと、せっかくの黒字を使い果たしてしまう」「環境や福祉、教育のために使うことのどこが悪いというのだ」と、民主党も、負けてはいいない。

次は、教育問題。共和党は、「公立の学校で充分な教育が受けられない生徒には、能力に応じて、私立で学ぶ機会が与えられるべきだ」という考え。「そのためには、資金の提供も惜しまない」と言う。「公立がますます困る」と民主党はむしろ、公立校での教育を良くする方針。「でも候補者自身は子供を私立校に通わせているよね」と皮肉る声も生徒内から聞こえる。そんな自分たちも、私立のプレップスクールを選んできているわけだから、その生徒たちが、教育問題をどう考えるかは興味深い。チョート校の在校生は、公立の中学から来ている人、ずっと私立の教育を受けてきている人、とバックグラウンドは様々だ。

「公立には充分投資をしてきた。この政策に刺激されれば、公立も改善する気が起こるだろう」この一言で、議論は、共和党側に傾いた。

議論の中心となった民主、共和の各クラブリーダーたちは、私と同学年で、当時十五歳。普段からスーツにトレンチコート姿で、アタッシェケース、『ウォールストリート・ジャーナル』を片手に、化学の授業も政治の話題に変えてしまうことで有名だ。彼らの、政治についての知識にも驚かされたけれど、まるで自分たちが候補者かのように話し合う姿勢に圧倒された。政治は人ごとではない、という気持ちが伝わってくる。

この生徒ディベート大会では、両者とも善戦していたけれど、一通り協議が済んだ結果、共和党が優位に立った。しかし、実際、ブッシュ、ゴアのどちらを支持するか、という生徒アンケートでは、民主党候補のゴアがわずかにリード。勝敗は微妙だ。

ブッシュorゴア、それとも……

普段から政治活動をしている人たちだけでなく、一般の生徒たちの選挙への関心も高いので、特にカフェテリアでの会話は盛り上がる。この日も、いつものように、円いテーブルを囲んでランチを食べていると、話題は、自然に大統領選へと発展していった。

「社会が比較的安定している今、特に解決しなければならない『これ』といった課題がない」

「だからこそ、この繁栄が長続きするよう、将来への計画性が問われている」

「外交危機がないため、国内政策に全力を注ぐことができるよね」

「政策に大差がないとなると、大統領としてのふさわしさ、個人的な魅力が大切になってくる」と、ここまではみんなの意見が一致している。

「じゃあ、誰が適任なの？」疑問を声に出したとたん、聞いてはいけないことを口にしたような気がした。私の一言が、大論争を巻き起こしてしまったのだ。それにしても、こんなに一生懸命、政治を語れるのはすごい。

その夜、部屋に戻ると全校生徒宛に、お知らせのeメールが届いていた。チョートの生徒を対象に、ネット上で意識鑑定が行われるという。これは、「ベトナム戦争は、戦い方次第では勝てる戦争だった」というような、様々な意見に賛成・反対で答える形式で、一連の政治関連のイベントに参加する上で、自分の立場を明確にしておく目的で行われた。私が驚いたのは、他の国はどの質問にも登場しないのに、日本に関する質問が三つもあったこと。「日本がアメリカ市場へ自動車や電気製品をバラまくのは、不当である」、「アメリカ人が日本人を見習って会社に忠誠になれば、社会はもっと良くなる」など。アメリカが日本をいかに意識し、日米関係を重視しているかを感じとった。

すべての質問に答えると、結果が、左右に四十の目盛りがある数直線上に表示される。プラスの数字は共和党寄り、マイナスなら民主党派。私のスコアはマイナス十七で、「かなり**liberal**《リベラル》（自由主義）寄り」の判定。ちなみに私の立場は、軍の拡大とNMD（全米ミサイル防衛網）の配備には反対、そして、環境問題への対策や銃規制に賛成、というもの。確かに、政策面で民主党に共感する部分が大きい。候補者の中でもゴア氏の豊富な外交経験などに期待していた。

しかし、意外にも、寮で実施された模擬投票で選ばれたのは緑の党のラルフ・ネーダー氏。「誰よりも知的で、政策に期待できる」という理由からだ。消費者運動家のネーダー氏は、学生に強く支持されている。ネーダー氏の熱狂的な支持者である隣の部屋のステファニーは、ニューヘブン市の大学で行われた彼の講演を聴きに行きたい、とアドバイザーの先生に頼んでいた。「こんな機会、めったにない。しかも、学習に関係あるんだから」と必死だ。アドバイザーの「車でも三十分はかかるから、授業のある平日の夜にはダメ」という返事にも、簡単には引き下がらない。二人のやりとりを聞きながら、ここまで入れ込める熱意に、感心してしまった。

なぜ、ここまで、政治への関心が高いのか。それには、きちんとした理由があると思う。一つには、選挙の仕組みは複雑だけれど、自分の一票が大統領選びに確実につながるという点（ただし、票が正しく数えられればの話）。また、候補者が堂々と、意見をぶつけ合うテレビ討論などの場も、よく目にするので、選挙を「自分に関係あるもの」としてとらえやすいこと。そして、何よりも、小さいころからの学校教育の影響が大きいと思う。

九二年の大統領選の時、私は、七歳だった。通っていたカリフォルニアの学校で、新聞で両候補のことを調べ、「自分だったらどちらに投票するか」と幼いなりにも真剣に考えたのを今でも覚えている。ある朝、先生のミズ・マヒンが、「ロサンジェルス・タイムズ」を生徒全員に配ってこう言った。

「さあ、今からこの新聞を使ってブッシュとクリントンのことについて調べます。新聞のなか

7歳の時に作成したブックレポート

からどんなことでもいいから二人についてわかったことを抜き出して比べてみましょう」

それから教室の床には新聞が散乱し、私たちは、口々に自分ならどちらに投票するか意見しながら、やかましく作業を進めていった。私は、二人についてわかったことを表にし、母が迎えに来た時、興奮した口調でその日の大発見を報告した。

「ブッシュは、犬を飼っていて、メキシコ料理が好きなんだけれど、クリントンのペットは猫で、大好物はピーナッツバターとバナナのサンドイッチなんだって！」

政治には、全く関係ない比較だったけれども、私にとってこの作業は、大きな意味を持っていた。自分が新聞から何か発見できたことと、全く遠いところにいたクリントンとブッシュが身

ジョン・F・ケネディー（1917—63)。アメリカ合衆国第35代大統領。1960年史上最年少で当選したが、63年ダラスで遊説中に暗殺された。チョート校の卒業生で偉大な先輩だが、在学中の成績は良くなかったと伝えられる。
（写真は1961年２月に行われた記者会見でのもの。UPI・サン）

近な存在になったこと。

しかし、ミズ・マヒンの大統領選を使ったプロジェクトは、まだまだ続いた。こんどは、クラスの十五人がそれぞれ歴代大統領を一人ずつ担当し、レポートを作るというのだ。

「放課後、家の人にフラトン・ライブラリーに連れて行ってもらいましょう。そして、ライブラリアンにこういうのですよ。モンテソーリーの生徒で、大統領のことを調べているのですが、どの本で調べるとよいか教えてください」

そして、ミズ・マヒンが割り当てを発表し始めた。「ベイリー、ジョージ・ワシントン」「エリザベス、ジミー・カーター」「レイコ、ジョン・F・ケネディー」

"Yes!"（やったぁ！）

ケネディー大統領は、クラスメートのなかでも一番人気が高かっただけでなく、私は夏休みにボストンにあるJFKミュージアムを訪れ、ケネディー大統領に親しみを持っていたので、うれしい担当だった。このプロジェクトは、大統領が飼っているペットの比較より意味があったし、私自身、図書館の本で時間をかけて調べ、キューバ危機まで含めたかなり詳しいレポートを作成した。

最後に、大統領選の仕組みの学習は、自分たちのクラスプレジデント・エレクション（学級委員選挙）に結び付けられた。候補者がそれぞれの「政策」をアピールするスピーチをした後、いよいよ投票。そして得票数が黒板に書き出され、当選者が発表された。「レイコ十票、ウェスリー九票！」

クリントンの勝利が決定したのが、その日の夜。テレビで勝利演説を聞きながら、私も「ウェスリーと一緒に、七組、ルームセブンを一番良いクラスにしよう！」と決意を新たにしたのだった。このような早い時期での学校教育も、政治との距離を縮めることに一役買っているのだと思う。

大統領側近に質問

十月に入っても、全く展開が予測できないままの大統領選。どちらが勝ってもおかしくない状況だけに、議論のやりがいがあり、おもしろい。投票が終了しても、決着がつかないのは困るけれど、この時点では、誰も、そんな結果になるなんて夢にも思っていなかった。

投票日が近づき、史上まれに見る接戦の模様が、連日放映される中、チョート校でも、最大級のイベントが開催された。十月上旬に、クリントン大統領のアドバイザーを最近まで務めていたドーグ・ソスニック氏が講演に来るというのだ。ソスニック氏は、クリントン大統領のアドバイザーを三年間務め、大統領が私用で出かける際も、家族のほかに自家用機に乗り込めるのはソスニック氏一人だったというぐらい信頼が厚かったそうだ。

本校では、スピーカーを招待して、定期的に講演会を開く。テーマは、中東和平から最新科学まで広範囲にわたり、ゲストのスピーカーも、その筋の専門家というケースが多い。今回のスピーカーは、本校の卒業生であり、重要なポジションの人だということで、講演会が始まる以前から前評判は高い。世界史の先生も、「こんな人から、話が聞けるなんて、ラッキーなのだから」と強調する。

いよいよ講演会が始まると、聴衆は、すぐにソスニック氏の話に引き込まれていった。さすが、政治の仕事をしているだけあって、人を引き付ける魅力があり、話し方も非常に上手い。自分が大統領のアドバイザーという仕事に就いた経緯《っ》や、今年の選挙の見どころ、両党の政策の違いを、ユーモアもまじえ、わかりやすく説明してくれた。質疑応答に入ると、

「投票日まであと一カ月という、この時点で、勝敗の予測がつかないのは非常に珍しい」とい

うソスニック氏に、「どちらの候補者が優位に立っているか」という質問が飛ぶ。答えは、すぐ返ってきた。「どちらかというと、ゴア氏。私が長年、民主党で働いていたという理由ではなく……」ホールに笑いが起こる。「政策を客観的にみても……」と詳しく理由も挙げてくれた。

時間に制限があったので、すべての分野について、論議できなかったのが残念だと思っていると、「さらに詳しく話を聞きたい人は、レセプションに参加してください」という発表があった。なんと、別室で直接、話す機会があるという。周りの人たちは、みんな帰ってしまったが、私は、またとない機会だと思って、応接室に向かった。

しかし、こんな場に残るのは、普段から政治活動をしていることで有名な生徒十数名。集まったメンバーを見て、私は、かすかに、戸惑いを覚えた。後日、世界史のミズ・ブローコーには、このレセプションに出席したことを褒《ほ》められたほどだが、ここでは、みんな、政策についての具体的な質問をするので、その知識の深さに感心するばかり。しかし、私も、勇気を出して手を挙げた。

「日本にとっては、どちらの候補者が勝った方がいいとお考えですか?」

是非とも聞きたかった質問に、ソスニック氏から、丁寧な答えが返ってきた。「大差があるとは思わないが、アメリカで民主党が政権を握っていたこの八年間は日本にとっては良い時代ではなく、景気、貿易、軍事面で、アメリカからのプレッシャーが厳しかった。日本としては、その前のブッシュ候補の父親の時代、日米間にとても友好的な関係を築いた共和党に、再び政権を握ってもらいたいのではないかと思う」

政治家の卵たちに混じってレセプションに出席し、会談の中で発言することができたことは、私にとって二〇〇〇年大統領選のハイライトだった。

感謝祭休暇に感謝

投票が終わってからも、選挙戦は当分、決着がつかなかったが、チョート校の一学期は無事、終了した。九月の入学当初は、慣れないことずくめの毎日に、一時は、どうなるかと心配だったが、友達も増えて、「自分の学校だ」という実感が湧いてきた。そうは言っても、十一月下旬にある、九日間の **Thanksgiving**《サンクスギビング》（感謝祭）の休暇はありがたい。

今回の休みを、私は、父の友人のディック・フリックランドさん宅で過ごした。ノースキャロライナ州、キティーホークは、ライト兄弟の初飛行の地だ。海岸には野生のウマ、沼にはワニと自然がいっぱいで、後ろを森、前方を海に挟まれたディックさんの家では、久しぶりに気分転換できそう。物知りで、自分が答えられない質問には"**Nobody knows.**"（それは、誰も知らない）と言う元新聞記者のディックさんは、現役時代、バーンズ元国務長官の担当も務めたことがある。

サンクスギビングとは、一六二〇年アメリカに到着したピルグリムたち（イギリスの清教徒団）が、私も後で思い知ることになるニューイングランドの極寒の冬を乗り越えたことに感謝したのが始まり。今回は、サンクスギビングを代表するターキー（七面鳥）をメインとするディナーを、近所の家でごちそうになり、親戚一同が集まってテーブルを囲む、アメリカ家庭のあたたかさを満喫できた。ただ、料理を食べきれなかったため、その後は毎晩、工夫を凝らして、残り物のターキーとパンプキンを使ったメニューを編み出さなければならなかったが。

行きのフライトでは、パイロットが帰宅してしまったため到着が四時間遅れ、帰りにはニューヨークへ届くはずの荷物が誤ってフィラデルフィアに送られたりと、飛行機関連のハプニングが付きまとったけれど、次の週から始まる新たな学期に向けてリラックスできた一週間だった。この時は、まだ、今回の旅行が、遥か先の忘れたころに、また新たなトラブルをもたらすとは夢にも思っていない……。

第二章　全力疾走の二学期

Winter Term

寒さにも負けないホリデースピリット

樹氷は、もうきれいじゃない

感謝祭の休暇から帰った私たちを迎えたのは、中庭の巨大なクリスマスツリーだった。十二月に入ると、商店や街路樹、近所の家のきれいなイルミネーションで町中がクリスマスの雰囲気に包まれ、学校にも「ホリデースピリット」があふれる。「ホリデースピリット」とは、ディケンズの『クリスマス・キャロル』にあるように、一年で一番うれしい祝日を控えて、明るく過ごし、自分だけでなく他の人のことを気遣う精神のことだ。

もうすぐやってくる行事は、クリスマスとお正月だけではない。Diversity《ダイバーシティー》（多様性）をうたっている学校なので、ユダヤ教のハヌカ、アフリカ系アメリカ人のお祭りクワンザなども大切にする。学校側も、キリスト教の祝日であるクリスマスという言葉は使わずに「クリスマスのイベント」「クリスマス・ディナー」の代わりに「十二月を祝おう」「フェスティブ・ディナー」と言う。長期休暇も「クリスマス休暇」ではなく「冬休み」と呼ぶように気を遣っている。

私の寮では、「違いはありながらも、私たちが協力して楽しい寮生活を送っているように、

辺り一面真っ白な雪に覆われたキャンパスで

世界に平和が訪れますように」という願いを込めたデコレーションをしようと決めていた。すると、"Silent night, holy night…"（きよしこの夜……）突然、どこからか、きれいなハーモニーが。

なんと、寮の窓の下まで、合唱団のメンバーがクリスマス・キャロルを歌いにきてくれたのだった。クリスマスソングの豪華メドレーを楽しみながら、様々な人種、宗教の共存を象徴して、十字架と仏像、ハヌカのろうそくが並んでかかっている、寮自慢のクリスマスツリーの飾り付けを終えた。

そんな十二月の朝。起きたとたん、なんだかいつもと違う空気を感じ、ブラインドを開けてみた。窓の外は辺り一面真っ白で、木々の枝が凍り付いて輝いている。静岡県浜松市、カリフォルニア州アナハイム市、広東省広州市。いつも温暖なところで生活してきた私は、本格的に雪が降る冬を体験したことがない。

「見て、クリスマスカードの表紙みたい！」とルームメイトのリディアを起こしたけれど、カナダから来たリディアは、これくらいの雪は毎日見ている、とでも言いたそう。「う〜ん、良かったね。それより遅刻しないように」そう言われてみると、時間がない朝、景色に見とれている場合ではない。着替えて支度を済ませ、階段を降りて、カフェテリアへ急いだ。

「今日は水曜日、ワッフルデーだ！」朝食にワッフルや、チーズ・ハム入りオムレツを目の前で焼いてもらうのが私のお気に入り。日曜日のブランチならオムレツも、特別だ。ハム、チーズ、ベーコン、マッシュルーム、ピーマン、トマト、玉ねぎなどの具の前に立つと、鉄板の向こうから尋ねられる。**"What would you like?"**（何を入れますか？）**"Everything, please!"**（全部入れてください！）

今日は、平日で八時から授業なので、そうゆっくりしていられない。列が長いのでワッフルはあきらめ、ヨーグルトとコーンフレークをトレーに乗せ、テーブルへ向かう。

「あれが樹氷？　初めて見るんだけどすごくきれい！」と雪景色にはしゃいでいる私をよそに、周りはなんだか冷めている。「あー、来たか」というため息も聞こえる。なぜ雪がそんなに困るのか？　答えはすぐわかった。

朝食を終え、早くも週末の予定について話をしながら建物を出る。会話に気を取られていて、足元を見ていなかった。「レイコ、気をつけっ……」レベッカが注意するのが少し、遅すぎた。「うわぁ！」階段の、凍っている箇所が滑りやすくなっている。手すりにつかまってなんとか冷たいしりもちはまぬがれた。「あぁ、びっくりした」と言い終わらないうちに、後ろでドスン！ "Ouch!"（痛っ！）という声が。どうやら、ニューイングランドの冬に慣れていないのは私だけではないらしい。今度は一段一段、気をつけて降りながら思わずつぶやく。

「この冬、バランスと反射神経が鍛えられそう」

ボランティア：保育園のアシスタント

二学期、私は、午後のスポーツ活動の代わりにボランティア活動を選択することにした。本校では卒業までに三十時間のボランティア活動が義務づけられているのだが、私の場合、義務化されていることが、ボランティア活動に親しむよいきっかけとなった。リハビリ病院、赤十字センター、老人ホームなどの中から、私が選んだ活動先は、保育園。

月曜日と火曜日の週二日間、ここで保母のアシスタントをするのだ。活動初日、午後三時に、授業を終えた私たち十人の参加者を、担当の先生がミニバスで迎えに来てくれる。町の住宅街まで入っていくのは初めて。保育園の駐車場で降り、子供の工作品で飾られた教室が見えてくると、カリフォルニアに住んでいた時に通っていた幼稚園を思い出し、ふとなつかしい気持ちにおそわれた。

まず、園長先生の部屋へ通され、自己紹介を済ますと、ここで働く上での説明を受けた。児童のプライバシー保護に関する注意である。私たちがチョート校に帰って、保育園での出来事を友達に話す時には、「誰々と絵を描いた」という一見、何気ない会話の中でも、仮名を使うよう、指示されたのだ。子供と接する大切な仕事だとは知っていたが、この警告には驚いた。思わず身構えてしまったけれど、最後には「このような注意をいつも頭に入れておかないといけないけれど、一番大事なのは、子供たちとあなた方が楽しむこと」と園長先生は、にっこり笑って言われた。やっと、緊張がほぐれる。

案内された五、六歳児の教室に入って行くと、ちょうどスナックタイムで、十五人ほどの子供たちが、ピーナッツバター付きのセロリを食べている。この日は、ビーズで遊んでいる女の子たちとアクセサリー作りをしたけれど、質問をしてもなかなか会話が続かない。正直言って、この日は、本当に自分が必要とされているのか、疑問に思った。しかし、数日間通い続け、本を読んだり、絵を描いたり、モノポリーというすごろくゲームをしたりするうちに、すっかり仲良しになった。心を開いてくれるようになると、おしゃべりも止まらない。私が体調を崩して一度、休んだ次の日は、「もう風邪ひいて休んじゃダメ」と言われたが、その約束は、最後まで守り通した。

自分の学校の宿題、レポート、テストで結構忙しいのに、ほかの人の世話を上手にできるか、初めは不安だった。しかし、自分が少しでも役に立っていると感じると勇気が湧いたし、反対に疲れている自分が、子供たちから元気をもらうこともあった。

ボランティア活動の種類は、子供たちのスポーツチームのコーチ、動物の看護、ユニセフなど、他にもいろいろある。来年は、また違った分野のボランティアにもチャレンジしてみたい。

焼き鳥はチキンorポーク？

学校のカフェテリアは、メニューの数も多いし、味もよい。食事はセルフサービスで、ビュッフェセンターは、周りのクラシックな趣とは対照的に、モダンな造り。オリーブからカイワレまでが並ぶサラダバー、焼き立てのクロワッサンが人気のベーカリー、お好みのサンドウィッチをつくってくれるデリコーナー、と充実している。飲み物も各種炭酸飲料のほかに、ジュース、アイスティー、レモネードのジュースマシンが並ぶ。

今日の日替りスープは、クラムチャウダー、それにベークドポテト、グリルドチキンとマカロニサラダ、チーズケーキには苺《いちご》ソースをかけて……。とトレーをいっぱいにして、みんなが集まる食堂は、それぞれの時間割に合わせて行動している生徒たちが、顔を合わせ、ワイワイ騒げる社交の場なのだ。しかし、毎日三食を同じ場所で食べていると、さすがに飽きてくる。ペンネでもラザニアでも、トマトソースなら大差ない。たまには、ほかのものが食べたくなる。

そこで、週末になると、ピザ屋やファストフードの中華料理店、日本食レストランなどから出前を取る人が多い。自分のお金で出前を頼んだり、町のレストランへ食べに行ったりすることは、生徒の自由だ。

普段の日でも、夜九時のスタディータイムの休憩時間には、寮の前の芝生に町の飲食店の車が並び、それぞれアイスクリーム、カルツォーネ、中華焼そばなどを売っている。五ドル（約六百円）でチャーハンとチキンブロッコリーの炒めもののセット、またはLサイズのピッツアが買える、このちょっとした夜食は人気で、五分ほど遅れて出て行くと、もう売り切れだ。

冬休みを間近に控えた土曜日の夕方、寮のコモンルームで、スシハウスのメニューの前に友達が数人、集まった。日本では、うどん屋さん、寿司屋さん、と専門があるのに対して、「日本食」と名のつくものなら、なんでもメニューにしてしまっているこのお店。料理の種類が多いため、注文を考えるのは意外と難しい。ああでもない、こうでもないともめた末、やっと決まった。

電話で注文するのは私の役。**"I'm calling from Choate Rosemary Hall. We'd like..."**

（チョート校までお願いします。海藻サラダを三つ、天ぷらセットを二つ、焼き鳥を一皿……）

みんなのオーダーをメモした紙を、確認しながら注文していると、店の人にさえぎられた。"Chicken or pork?"（ポークですか、チキンですか？）"Excuse me?"（えっ？）と思わず聞き返してしまった。相手は、ピッツアのサイズを聞くような口調で繰り返す。"Is the *yaki-tori* chicken or pork?"（ヤキトリはチキンにしますか、ポークがいいですか？）

啞然《あぜん》としてしまった。さすがアメリカ風日本食。このレストランでは、タレに付けた肉をなんでも「ヤキトリ」と呼ぶのだろう。それどころか、チキンを炒めて、最後に串に刺し、タレをかけているのではないか？　それにしても、ヤキトリが豚肉だったら焼き鳥ではないはず。こんなことを尋ねられるとは思ってもいなかったので、うろたえてしまったが、気を取り直し、続ける。

「チキンのヤキトリをお願いします……」

人気のうな丼の正体

無事、注文の電話を終え、ホッと胸をなで下ろした。三十分で配達できる、というのでお金を集め、寮の前へ取りに行く。数分後、茶色い紙袋に入った日本食を受け取った。三階のコモンルームに上がり、大きな袋からみんなの前に料理を出していく。一人分が五〇〇㎖はありそうな、容器いっぱいの味噌汁は私の食欲を全くそそらないが、みんなは"My miso soup!"

（私の、みそスープ！）とおいしそうに飲む。私は、カリフォルニアロールにひじきサラダ、と安全なチョイス。

お寿司のほかに、みんなに人気のあるメニューは、天ぷらうどん、すきやき丼などで、なかでも、一番人気なのは、うな丼だ。今日も、「おいしいよ！　レイコも食べてみて」とステファニーが勧めてくる。うな丼、と言っても、プラスチックの容器に入ったパサパサしたごはんに、しおれたウナギが三切れ載っていてテリヤキソースがかかっている感じ。嚙み切るのに苦労しそうだ。気持ちはうれしいのだけれど、浜松から来た人として、これをうな丼とは、呼びたくない。

「鰻の蒲焼きは、まず、遠くからでもいいにおいがするもんなんだよ。それに、ふっくらと柔らかで、ハシでつかもうとすると崩れるくらいなんだから……」

お正月も通常授業

感謝祭から三週間後には、また、冬休みがやってくる。この、二学期の途中の休暇を利用して、初めて帰国した。昔、こんなに簡単には行き来できなかったころのことを思うと、恵まれていると感じる。でも実際は、ホームステイと違って、寮生活をしている場合、長期休暇の間は学校が閉められてしまうため、冬、春、夏の休みには帰るしかないのが実情なのだ。

三カ月半ぶりの日本。七月まで通っていた中学校を訪問したり、友達と会ったりと、調子よく予定をこなした。しかし、冬休みの日程で、お正月はそれほど重要視されていない。多様性を大切にしているとはいえ、やはりアメリカの学校。十二月十五日から始まる冬休みは、クリスマスを中心に日程が組まれているのだ。私も、新世紀の幕開け早々、一月二日には成田を出発。三日からは早くも授業開始だ。

ついに二十一世紀

独創教育のモデル校？

一月二日に日本を発ったため、その夜、放送されたＮＨＫの正月スペシャルを見ることができなかった。チョート校が紹介される『二十一世紀の日本人へ　独創教育で知の再生を』という番組を日本で見ることを楽しみにしていたのだが。番組の取材のために、十一月からＮＨＫの取材陣がキャンパスを訪れていたのだ。

二週間後、家からビデオテープが届いた。「日本のテレビ局の人でしょ？　すごく長い取材だね」と本格的な取材に興味を示していた友達と、寮のコモンルームで番組を見ていると、通りすがりの人たちが、みんな立ち止まって目を留める。

「わぁ、チョートがテレビに出てる！　これって……」

「しーっ、静かに！　聞こえないじゃん」

「どうせ、日本語だからわからないくせに」

確かにそうだ、と笑いが起こる。それにしても「今、なんて言ってるの？」と黒田あゆみさんのナレーションをすべて訳してくれと言われるので忙しい。

しばらく、真剣に私の説明を聞いていたみんなも、学校が登場すると「映像で見ると、すごく立派に見えるね」「私たちのキャンパスって、こんなにきれいだったっけ！」とはしゃいでいる。知り合いが映るたびに騒ぐのだが、一番盛り上がったのは、セリフが日本語の吹き替えになる箇所。「せんせっ、日本語うまい！」インタビューを受ける先生が、流暢《りゅうちょう》に日本語を話すシーンが、大人気だった。

「でも、なぜ、チョートを紹介しているの？」という真面目な質問に、「独創教育が今の日本に必要ということで、そのモデル校として紹介されているんだよ」と私が説明すると、驚きの声があがった。「日本こそ、進んでいるんじゃないの？」とみんなの感覚では、日本の教育の方が優れているイメージがあるらしい。「まさか自分たちの学校生活が、外国でモデルとして紹介されているとは」と喜んでいた。

寮のコモンルームで友達とテレビを見てくつろぐ

テレビVS電子レンジ

実は、寮のコモンルームにテレビがあることには、わけがある。

九月のある日。寮のミーティングは、珍しく激しい議論になっていた。議題は、「寮で、テレビと電子レンジのどちらを購入するか？」各自、必死で反対派の説得を試みる。私は電子レンジを推《お》したけれど、すぐさま反論があがった。

「食堂の上に住んでるのに、いちいち自分で料理なんてしないでしょ」

多数決で決めようということになったこの戦い、実は、次の日にあっさりと決着がついた。近くに住んでいるレベッカが、家族がドイツ駐在になったため、電子レンジを寮に寄付してくれるという。レベッカの両親に感謝して、ありがたくいただくことにした。

これでテレビ、電子レンジ両方が手に入る、とみんな大喜び。夜になると、キャサリンがドアをノックしてきた。「テレビのための集金をしてるの。強制じゃないけど、一人五ドル（六百円）ずつ出してくれるとありがたいわ。もちろん、もっと協力してくれるなら私は文句ないけどね」といたずらっぽく笑う。

行動派の彼女は、次の日さっそくアドバイザーの先生の車に乗せてもらい、電機屋さんへ。私が夕食から帰ったころには、すでにテレビがセットされていたというわけだ。さらに電子レンジも届いて、もう怖いものなし、という感じ。

その週末、「あぁ、また廊下中、バターのにおいがこもっちゃったけど、やっぱり映画にはポップコーンだよね」とあつあつのポップコーンの袋をつまんでいるのは「寮にキッチン用品なんて、役立たず」と主張していたエリザベス。隣でリモコンの再生ボタンを押しているのは、「テレビなんてなくてもやっていける」とあんなに頑張っていた私。みんなで集めた百六十五ドル（約二万円）で買ったテレビはたった十二インチ（三十センチ）の小さなもの。でも私たちはコモンルームが機能的になったと大満足だ。

このような寮の計画を仕切るのは寮の世話役、四人のプリフェクト（監督生）たち。最上級生の彼女たちが担う任務は、とても責任重大で、プリフェクトによって、その寮の雰囲気が決まると言われるぐらいだ。申請用紙を提出した大勢の中から、やる気や人柄などを考慮して選ばれるので、プリフェクトに選ばれることは、とても名誉なことである。一方、プリフェクトには、部屋に冷蔵庫やテレビを置いていいなどの特権が与えられる。寮生活が初めての私にとって、プリフェクトたちのサポートは本当にありがたかったが、学校生活に慣れた今でも、フレンドリーで世話好きな彼女たちの存在に助けられることが多い。

例えば、上の階に住むプリフェクトのマリッサは、友達の輪を広げることで有名。コードレスの電話二つを近づけて片方を逆さにし、全くの他人だという電話の相手同士に会話をさせる伝説の場面を私も目撃したことがある。**"You're welcome to come over anytime."**（いつでも部屋に、おいで）と忙しい時でも相談に乗ってくれ、ハロウィンやバレンタインの朝には、カードやお菓子をドアの外に置いていてくれる、そんな細やかな心遣いも忘れない素敵なお姉さんたちだ。

コモンルームは大活躍

そんなプリフェクトたちを中心に集まるマグナイトでは、メンバーの提案を取り上げて話し合ったり、誕生日を祝ったりする。マグナイトは、チョート校の伝統で、昔、寮のミーティングで出されるアイスクリーム、ココアなどのために、寮生たちが、自分のマグカップを持参して集まったことに由来する。

今では、それが進化し、寮独自の企画を考え、実行する。バレンタインの日には、大鍋いっぱいに溶かしたチョコレートでチョコフォンデュを楽しんだ。りんご、バナナ、一口大に切ったケーキをつけるのだが、この夜は調子に乗り、食べ過ぎて、その後一週間はチョコレートを見ることもできなかった。

“Mug night, everyone!”（みんな、マグナイトよ！）の声に、寮のメンバーが部屋から出てくる。考えても考えても解けない数学の問題、友達へのeメール、なかなか終わらない部屋の片づけ……。それぞれ、やっていたことを後回しにし、寮での団らんを楽しむ。テーブルにデザートが並べられ、壁に風船が飾られると、コモンルームはパーティー会場に早変わりする。

毎日カフェテリアで食べる味に飽き、ふと日本食が食べたくなった時、コモンルームの電子レンジは、私の強い味方だ。家から送ってもらった、インスタントの味噌汁とレトルトの御飯にふりかけ、という献立は、何よりのごちそう。アメリカ人の友達も、カップラーメンを調理するのだが、発泡スチロールの容器に水を入れ、そのまま電子レンジに入れようとするのには、参った。「そんなことして、環境ホルモンが心配じゃないの？」と止めると、「プラスチックってこれくらいで溶けるの？」といたって呑気。

ちょっと夜食が食べたい時にもコモンルームに頼る。それにしても、夜中に一人でレトルトの中華丼をつくる自分も、なんだかあやしい。ルームメイトのリディアは、ホッケーの練習で疲れて早く寝てしまうが、もし、彼女がこの姿を見たら、「また、レイコがファンキーなもの料理してる」と言いそうだ。

日用品の買い出し

寮生活で不便なのは、自分で日用品も買わないといけない点。冷蔵庫や戸棚を開ければ、なんでも揃っている家のありがたさに気づく。学校内のスクールストアには、学校のロゴ入りの洋服や小物の他に、文房具、CD、日用品も売っているけれど、どうしてもセレクションが限られてしまうので、町のスーパーマーケットまで足を伸ばすことになる。買い出しも大仕事で、週末、友達を誘って、タクシーで往復し、十二ドル（約千四百四十円）の料金を割り勘にする。

私は、スーパーの入り口付近の、季節ごとに早変わりするコーナーを見るのが好きだ。ここには、ハロウィンには仮装のグッズが、イースター（復活祭）にはウサギやたまご型のチョコレートが並ぶ。クリスマスなどの祝祭日が商業化されすぎていることが問題になっていても、やはりこのコーナーをのぞくと楽しくなる。また、普通の売り場でも、変わったものを見つけることがある。例えば、新商品の「緑のケチャップ」は、初めて見た時はギョッとした。「ケチャップは赤い」という常識をくつがえすアイディアには感心するけれど、「何も緑にしなくても……」というのが本音。そんなことを言いながらも、二本買ってみた。

一本は、中華料理にまでケチャップをかけるルームメイトのリディアに。先日は、カフェテリアで「フライドポテトを一皿食べるのに、ケチャップの小袋をいくつ使えるか」というつまらない競争で上級生に勝ったケチャップ愛好家の彼女も、緑の容器を見てさすがに驚いていたが、さっそく中身を皿に出していた。「うわぁ！」肩越しにのぞいていた私は、思わず大声をあげてしまった。本当に鮮やかな緑色で、なめてみると、確かにケチャップの味。目をつぶって食べれば、普通のものと変わらないだろう。

そして、もう一本は、「緑のケチャップ」というアメリカらしい発想を紹介しようと、日本に持ち帰った。「きっと、緑のトマトを使っているんだ」と信じ込んでいた私は、その後、普通のケチャップに人工着色料で色が着けられていたという事実にショックを受けることになる。でも、このケチャップ、アメリカでは子供にうけて、大ヒットしたらしい。

幼いころのアメリカ生活で、カラフルな食べ物に慣れているはずの私も絶句した緑のケチャップ。スーパーで、アニメキャラクターなどをアイシングで描いたバースデーケーキを見るたびに、私の五歳の誕生日パーティーで **"I want the blue part!"**（私、ブルーのところが欲しいの！）とケーキのクリームの色を巡ってケンカを始めた友達を思い出す。

アメリカのスーパーは、とにかく広く、通路を端から端まで見て回るのにも疲れる。足が痛くなると思わず自分が乗りたくなるくらい大きなショッピングカートも、レジへ近づくにつれてシャンプーからペットボトルの飲料水、スナック菓子であふれかえり、すごい量の買い物になるけれど、支払いは、キャッシュを持ち歩かないで済むようにと、日本で作ったクレジットカード。航空券や、空港へのハイヤーを自分で手配する時もカードがあると便利だ。校内ではチョートカード、外ではビザカードが使えるため、毎日の生活で現金を使うことは少ない。

学校に到着後、買い物袋を両手に、三階の部屋まで寮の階段を四往復するのもかなりの重労働だ。もう、これだけ貯蔵していれば当分大丈夫だろう、とホッとするのもつかの間、すぐに足りないものに気づく。「あっ、ハミガキ粉がない」

1クリックでつながる

日本から長期間、離れていても、情報が瞬時に手に入るインターネットのおかげでニュースを知るタイミングは日本にいる家族と変わらないし、eメールで、日本にいる友達とも連絡が簡単に取れる。国際電話も、まれにしかかけることができず、日本からの手紙を心待ちにして……という時代だったら、私は留学生活を送れただろうか。

妹の理香がまめにミックステープを送ってくれるので、日本から持ってきたMDプレイヤーが大活躍だ。部屋で日本の音楽を聞いていると、留学生の友達が「タイでも人気だよ」と教えてくれる。MP3が浸透《しんとう》しているので、ネット上で新曲を入手し、パソコンで音楽を楽しむこの時代、アジアからの留学生で日本の音楽情報に詳しい人が多いのには、驚かされる。中国語に歌詞が訳されている歌もあるほどで、カラオケで日本の曲も歌うそうだ。

日本がアニメやテレビゲームの輸出国だということは私も知っていた。そういえば、広州市に住んでいた時、テレビをつけたら、のび太くんが広東語《カントン》でドラえもんに泣きついていたが、日本のバラエティー番組やテレビドラマも放送されているらしい。週末にはクリスタルから、中国語の字幕版でドラマ『ビューティフルライフ』のDVDをパソコンで見ようという誘いを受けたが、全部見終えるのには一晩かかりそうだったので断った。

「韓国で、日本映画がやっと解禁された」などというニュースを聞いていたから、アジアでの文化交流は簡単ではないという印象を持っていたけれど、私たちの世代では、そんな心配はいらない様子。映画『リング』のビデオを見ようと提案してきた友達に、作者の鈴木光司さんが私と同じ中学校の卒業生だという話をしたら、「ほんとう？　すごい！」と彼女は、大感激。日本文化の浸透ぶりは、チョート校でもすごい。

チャイナドレスやチマチョゴリ姿で旧正月ディナーを主催

旧正月の宴

チョート校に来る時、浴衣、パーティードレスまでは、用意していたが、まさか、チャイナドレスを着ることになるとは、思ってもみなかった。アジアの留学生が中心となって、一月下旬には、**Lunar**《ルナ》 **Banquet**《バンケット》（旧正月の宴）を開催するというので、家から、至急チャイナドレスを送ってもらうことにした。今回の旧正月ディナーは、アジア協会とチャイニーズクラブが主催で、運営は、すべて生徒にまかされている。秋のハーベストフェストであげた利益がクラブの予算だ。

日本では百年以上前から太陰暦は使用されていないが、アジアの国々の中で旧正月を祝うところは多い。ミレニアムのお祝いなどで盛り上がる一月一日の各地の様子もいいけれど、やっぱり"**Happy New Year**"あけましておめでとう！　の声が似合うのは、一月か二月に訪れる旧正月。

七歳でカリフォルニアから帰国した私は、九カ月後、今度は中国の広州市で暮らすことになった。アメリカとも日本とも全く違った毎日の生活。アメリカンスクールに通う途中、スクールバスは、竹かご一杯に茶色い鶏を積んだスクーターの横や、色とりどりの野菜や果物を売る賑やかな市場の間を通った。竹枠を組んだだけの足場が頼りの建設現場には、あっという間に高層ビルが建ってしまう。バスの窓から見えるのは、毎日変わっていく町並みだ。私は、目を見張るばかりの発展を遂げようとするエネルギッシュな広州の町がすぐに好きになった。そして、国慶節《こっけいせつ》や旧正月には、住んでいたホテルの前の噴水に、遊園地をそのまま運んできたかのようなカラフルなデコレーションが組み立てられた。旧正月と聞くと私は、クリスマスとお正月が一気に来たような、お祭り気分の熱気に包まれていた広州市を思い出す。赤い袋に入ったお年玉の交換、十二支の飾り付け……。

チョート校での旧正月ディナーの会場は、学年ごとのフォーマルディナーが月一回開かれる第二の食堂、ルッズリース。"**Year of the snake**"ヘビ年にちなんだ飾り付けにより、オリエンタルな雰囲気を演出した会場で、ディナーと、生徒によるダンスや、中国の琴演奏、格闘技の実演を通して、アジアの伝統文化について理解を深めてもらおうというのが、ねらいだ。

実は、本当の旧正月はもう過ぎている。当初予定していた週末は、スーパーボウルの日だったため、この国民的スポーツであるアメフトの中継には到底勝てないと判断して、一週間後に延期したのだ。さすが中華料理はアメリカの食文化にも浸透していると見え、赤いお年玉袋に入った、一人八ドルのチケットも、完売するどころか発行数を増やさなければいけないほどの人気。キャンパスの話題にもなり、すべてが順調にいきそうな気が……。

しかし、調子に乗って、予定していた百五十人以上にチケットを売ってしまったのがいけなかった。用意するビュッフェ式料理も、人数が多すぎると量を予想するのが困難。当日、肝心の中華料理が足りなくなってしまったのだ。

「ビュッフェの料理は、少なめに取ってください」というお願いに先生や生徒たちも理解を示してくれたが、全員が満足いくまで食べられる、とはいかず、チケットを買ってくれた人たちに申し訳なかった。今回は、近くの中華料理店に注文したのだが、限りのある予算では、料理の品数を増やさずに、量を確保した方がよかったのかもしれない。

完全に生徒主催で行った今回のイベントは、失敗があってもすべて自分たちの責任。ダンス、カンフー、琴の演奏は、本当に素晴らしく、文化の伝道者としては成功したが、ビジネスマンとしては、まだまだ未熟なことを思い知らされた旧正月ディナーだった。

ニューイングランドの冬

雪の日も、$10で真夏の夜の夢を

"Guess what day's tomorrow?"（明日は何の日？）水曜日の夜、同じ寮に住むメラニーが私の部屋に顔を出した。パソコンの画面から目を離し、考える。**"I have no idea."**（うーん、わかんない）私には何も思い当たらないけれど……。「もぉ、レイコ！　ダメ、忘れちゃ。劇のオープニングナイトだって！」

そうだ。明日から三日間、シェイクスピアの《**A Midsummer Night's Dream**》（『真夏の夜の夢』）の公演があると、キャンパス中にポスターが貼ってある。ドアから一歩、部屋の中に入ってきたメラニーを見ると、顔は濃いステージメイクで、頭からラメをかぶったように全身キラキラしている。**"What's your part?"** 何の役なのかと聞くと、待ってました、というようにに答えが返ってきた。「妖精！　でも、ただの妖精じゃなくて名前がついてる大事な役なの」と得意そう。「すごい！　だってオーディション、難しかったでしょ？」私も、彼女がシャワー中でも廊下でもセリフを暗唱していたのを覚えている。オーディションも競争率が高いけれ

ど、役を勝ち取ってからの練習も、とても厳しいと聞く。「それにしても、十時半だよ。今、帰ってきたの？」「うん、疲れたけど最終リハーサルだもん。でも明日が楽しみ！」すごいエネルギーだな、と感心しながら、"**I'll definitely come watch.**"（明日は必ず見に行く）と約束した。

次の夜、混雑を予想して、七時半の開演の三十分前にチケットを購入した。評判のチョート校の劇には、地元や遠方からもたくさんの人たちが来場する。入場料は、一般十ドル（約千二百円）、生徒は八ドル（約九百六十円）。入り口でチケットを渡し、プログラムをもらう。「幕間もあるんだ。本格的……」キャストには、知っている名前がずらりと並んでいる。出演者はもちろん、特殊効果、セット、コスチュームデザインも、それぞれ生徒が担当。音響や照明については、テクニカルシアターというクラスを受講している生徒たちが、授業で身に付けた技術を披露する実践の場となっている。監督は主に演劇の先生だけれど、学校外からプロの指導が入ることもある。

照明が落とされ、暗くなった会場にアナウンスが入り、観客が静まり返った。ストーリーは、原作に一ひねり加え、独立戦争当時、まだ開拓が始まったころのアメリカが舞台。出演者たちは、役になりきっているのはもちろんのこと、真剣でいながら、ステージに立つことを心から楽しんでいることが伝わってくる。話のあらすじのように、シアター全体に魔法がかかったよ

生徒コンサート終了後のレセプションで合唱部の友達と

うで、外では雪が降っていても、タイトル通り「真夏の夜の夢」を見ている心地だ。「ここの劇には、びっくりするよ」とは聞いていたけれど、本当にすごい。クラスメートの、授業やスポーツの時とはまた違った顔を発見した。

チョート校は、プレップスクールの中でも、芸術面に力を入れていることで有名だ。あのメトロポリタン美術館にも寄付をした、卒業生のポール・メロン氏が建てたアーツセンターには、大小数個の劇場やホール、ギャラリー、練習部屋や教室が備わっている。学校を選ぶ時、演劇や、音楽プログラムの充実ぶりで入学を決める人もいると聞く。生徒のパフォーマンスを見ていると、この事実にも納得。学校のバンドや合唱部のコンサートは人気だし、オーケストラは夏休み、ドイツに演奏旅行に出かけるという。

私も刺激を受けて、十三年間続けてきたピアノをチョート校でも習うことにした。週一回のレッスンには、先生がジュリアード音楽院から来てくれ、リサイタルもある。しかし、レッスンを始めて思い知ったのは、練習時間の確保が、大変だということ。いくら指導の先生が素晴らしくても、週に二時間の練習時間しか取れないようでは、上達以前の問題だ。この学校の生徒は、実にいろいろな機会に恵まれている。やりたいことが見つからないという人は、たぶん、いないだろう。ないのは時間だけ。みんなに平等にあたえられている二十四時間。そのなかで、自分のやりたいことに優先順位をつけ、どう、うまく時間をやりくりしていくか。今は、この問題に頭を悩ませている。

シャワー中、非情の避難訓練

雪が積もり、外がものすごく冷え込む日には、熱いお風呂に肩まで浸《っ》かって温まりたい。しかし、ここでは、シャワーでがまんするしかない。とは言っても、暖房が効いているのでシャワーだけで寒いということはない。少なくとも建物の中なら。

一月下旬、私はいつも通り、夜の十時頃にシャワーをしていた。普段と違うことと言えば、なんだか寮の中がドタバタしていることぐらい。どうせ、誰かの部屋にクモかムカデでも出たのだろう、とあまり気にしていなかった。「ん？」それにしてもうるさい。何をそんなに騒いでいるのだろう？　シャワーを一度、止めてみた。すると……。

「ジリリリリリ！」なんと、火災報知器が鳴っている。「ウソでしょ？」お湯の音で聞こえなかったから、どれだけ長いこと鳴っていたかはわからない。急いで、シャワー室を飛び出した。運の悪いことに、ちょうどバスローブを洗濯に出していたのでバスタオル一枚しかない。

部屋は近いので、洋服を取って来るべきか？　たぶん、訓練か、誤報だと思うのだが……。先日も、他の寮でバースデーケーキのろうそくの煙りで火災報知器が鳴ったと聞いた。電子レンジで生徒が焦がしたポップコーンや、誰かの熱いシャワーの湯気をも感知することがあるらしい。「まさか私のシャワー？」それなら、恥ずかしいとはいえ、笑い事で済むけれど、万が一、本当に火事だったら？　食堂の上に住んでいることも事実なので、油断はできない。とりあえず、自分の部屋の方へ向かおうとしたその時、「レイコ、早く外に出なきゃ！」と、ドアを開け、部屋から出ようとしていたリディアに怒鳴られた。「はいっ、ふとん貸してあげるから」押されるように階段を降りて、外に出た。「寒い！」

幸い、雪は降っていないけれど、冬の夜だ。リディアのプーさんのブランケットにくるまっていても寒い。「レイコ！　大丈夫？」みんなが、心配してくれる。必死で点呼をしているアドバイザーのミズ・セティナが、叫ぶ。「あっ、アレックスがいない……」その時、ドアが開いて、やはり裸足でタオル一枚のアレックスが降りてきた。「ひどいよ、こんな時に。あっ、レイコもシャワー中？　わーい、よかった、仲間がいた」濡れたままの髪が、しんしん冷えてくる。二人で叫ぶ。「凍っちゃうよ、早くして！」駆け付けた警備員によると、消防車が来て異常がないことが確認されるまで中には入れないそうだ。他の建物で待ちたかったけれど、どの寮も、それぞれの場所に避難しているのでそれもできない。でも訓練だと確信できたのでひとまず安心。

結局、消防車が来たのは、それから五分後。それにしても、ドラッグストアへ行く途中にいつも通る消防署は、学校のすぐ隣、寮から歩いて一分もかからない距離のはずだ。「私たちは素早く避難したけれど、それより消防車が遅いよ！」と不平の声もあがったが、その後、やっと寮に戻る許可が下りた。みんなが私とアレックスを先に通してくれたので、階段を駆け上がり、温まろうと、またシャワー室に戻ったが、もうお湯を出す気がしない。今夜の教訓は、「冬、シャワーをする時は、そばに、コートを忘れずに」ということなのだろうか？

記録的な大雪、迷子をまぬがれる

今年、ニューイングランド地方は、四年に一度の大雪に見舞われた。誰がつくったのか、キャンパスのあちらこちらに立っていた雪だるまたちも、雪に埋もれてしまって、少しさみしい。
建物の中は暖房の効きすぎで暑いほどだが、次の授業へ行くには一度、外へ出ないといけない。広いキャンパスに点在する校舎は、数学、英語、外国語、と教科ごとに建物が分かれていて、サイエンスセンターへ行くためには川にかかる橋を渡らなければいけないほど。冬には、凍り付いた川の上に積もった雪にカモの足跡が続くだけで、カメもカエルも見られない。その橋にも氷が張っていたりして、走るわけにもいかないため、十分の休み時間内に次の教室へたどりつくのは、至難の技。しかも、教室移動のたびにコート、マフラー、手袋で防寒するのが面倒だ。雪の方も、珍しくなくなると、きれいどころか、もう見たくもない。今は、ただ「早く溶けて！」という一心。雪国の暮らしの大変さが少し、わかったような気がする。

この冬、初めての吹雪も体験した。吹き荒れる風の音に、ルームメイトのリディアと「タイフウにも負けないね」という話をしていて、ふと思い出した。そう言えば、今日は美術の作品を仕上げるはずだ。美術の授業では、週に一度、スタジオへ通うことが宿題だが、今週はまだ行っていない。慌ててコートを着てから、気づいた。「わざわざ歩いて行って、鍵がかかっていたら、寒い思いをした甲斐がないな」

確認しようと先生のミスター・フォークナーに電話してみると、「建物は開いているけれど、そんなことよりこの吹雪の中をウロウロしていたら迷子になるぞ」という答えが返ってきた。「キャンパスで遭難したら、冗談にならないだろ？」そう言われてみると、外は、部屋の窓から向かいの建物も見えないほどの嵐。あぁ、急いで寮を飛び出さないでよかった。

枠を破る学習　―美術―

手作り飛行機でアメリカ一周

私は今学期、普段の五教科に加えて美術を選択している。美術と一口で言っても、コースは様々。コンピューターグラフィックス、デッサン、陶芸、油絵、などに分かれていて、織物、彫刻の授業まである。私が選んだのは **Mixed Media**（ミクスト・メディア）。初めて聞く名前だったけれど、ジャンルの枠にとらわれず、技法を組み合わせるという表現方法に興味を持ち、挑戦しようと決めたのだ。

先生のミスター・フォークナーは、かなりユニークな人。授業の一環として、キャンパス内の家を訪ねた時があった。美術コレクションの数々を、一通り見せてくれた後、先生は、「今度は、ガレージを見て欲しい」と言う。クラスの九人がぞろぞろと後に続いた。中に入ると、床には改造途中のハーレーやポルシェのエンジンが転がっている。さらに、中央には……「飛行機!?」

そう、ミスター・フォークナーは自分で飛行機を組み立てるのだ。それも自分で設計をして、乗り心地を追究する。完成まで数年かかるという二人乗りのこの飛行機、現在つくりかけのものは二機目らしい。第一号には、もう買い手が現れたそうだけれど、なんとそれを自分で操縦して、アメリカを国境と海岸線に沿って一周したことがあると言う。「自分で組み立てた飛行機で、そんな長距離飛行をするなんて怖くないですか？」と思わず口走ると、「いや、全然平気だよ。自分で丹念につくった方がボーイング社の飛行機よりも、よっぽど安心だから」。

私たち生徒は全員、絶句した。

床いっぱいのキャンディー

こんなミスター・フォークナーの奇抜なアイディアには、いつも驚かされている。課外学習では一時間半ほどバスに揺られ、ニューヨークへ行った。ここでも、定番のメトロポリタン美術館ではなく、近代美術館（MoMA）とホイットニー美術館を見学した。水彩画を描くのが好きな私は、美術館と言えばまず、写実的な油絵を連想する。近代美術の鑑賞には、全く慣れていないため、初めのうちは理解に苦しんだが、「自分の好きなように解釈すればよい」という先生のアドバイスに救われた。「作者の意図と違って、ギャップがあっても良いじゃないか」というわけだ。

「自由に感じたまま楽しめば良い」とわかると、気が楽になる。それにしても、この美術館では次に何が出てくるかわからない、驚きの連続だ。ある部屋では、床いっぱいにキャンディーがばらまかれている。「えっ？」不思議に思って近づいてみると、説明には一言、「自由に食べてください」うれしいのはうれしいが、そんなことを言われても、ためらってしまう。この作品は、来館者がキャンディーを食べることで常に変化する。それも「アート」なのだ。せっかくだから、銀の包み紙を開け、食べてみよう。口いっぱいに甘い味が広がる。「何味？」「パイナップル？　いやっ、キャラメルかな？」なんとも微妙な味を、私たちは、「芸術の味」と呼ぶことにした。

「もう歩けない」というまで美術館巡りをしたこの日。常識をくつがえすような自由な発想のモダンアート作品に刺激され、政治的、社会的な強いメッセージが込められていることに感銘を受けた。時代の特色や作者に詳しい先生の説明で、クラス全員「モダンアートの虜《とりこ》」になって学校に戻ったニューヨークの旅だった。

自由な発想で勝負：スクラップ場にて

新発見がいっぱいの課外学習で吸収したことは、その後の制作活動に、さっそく生かされた。次の週の授業、ミスター・フォークナーがコートを着て外へ出るよう指示をする。「みんな、遠足だぞ！」

する。

「また？」今度は、どこへ連れて行かれるのだろうか？　一台のワゴン車に九人の生徒が、ぎゅうぎゅう詰めになる。目的地に到着して、後部座席から転がり出た私たちの目の前に広がるのは……。「ゴミ捨て場？」「ゴミじゃない。作品の材料だ」とミスター・フォークナーが訂正

今回の旅行先は、車のスクラップ場だった。「見つけたものはなんでも持ち帰っていい。車に積める大きさなら……」と言い残して、ミスター・フォークナーは部品の山の後ろへ消えてしまった。よく探すと、おもしろいパーツが結構見つかる。

「何かいい形、見つけたか？」といつの間にか隣に立っているミスター・フォークナーが尋ねてきた。「車を一台、自由に使えたらいいな。外を好きな色に塗って、内装も工夫するの」という私のアイディアには、「良い発想だ」と笑う。一回の授業、五十分という限られた時間内の活動だったので、すぐ帰る時間になってしまった。拾った部品で行きよりもっと狭くなった車の中では、みんな口々に自分の収穫を自慢している。

次の日からは、スタジオに集まり、作品に取りかかった。課題は、「拾ってきたパーツを、木材やプラスチック、布とうまく融合させること」。私は、自分の髪のエクステンションにヒントを得て、まずは枝に色とりどりの毛糸を巻くことにした。予想より忍耐と時間がかかったが、模様や色の組み合わせで冒険するのが楽しい。制作に、のめり込んでいると「小技が効い

ていて丁寧」と「クラフト精神」をクラスに紹介してもらえた。一番、苦労したのは作品の構成で、おんぼろ車の中にもぐり込んで探し出してきた、壊れたハンドルとのバランスが難しかった。ここまでくると、後は、想像力が勝負。出来上がった作品はどれも型破りなアイディアばかりで、どこで見つけたのか、水道の蛇口から鎖が出てきていたり、古いレコードが使用されたりしている。

「みんな、枠を破っているぞ」と大満足なミスター・フォークナーの方を見ると、手には、緑茶ドリンクの瓶。それも、ただの緑茶ではない。最近アメリカで人気の味付き緑茶で、チョウセンニンジンエキス入りの「ヘルシー志向」が売りだ。緑茶は、甘くせずにそのまま飲むのが一番体に良いはずだが。私も初めてスーパーで発見した時には「緑茶」のラベルに騙《だま》され、二本買い込んでしまった。重い瓶を、やっとの思いで部屋まで運び、いざ飲んでみるとトロピカルフルーツのような味にびっくり。でも、この緑茶ドリンクをストレートの緑茶と勘違いして飲んでいる人が、実は多い。「本物の緑茶はそんなにエキゾチックな味じゃないよ」と私は、弁明して回る。その直後、アドバイザーのミズ・セティナに「レイコ、緑茶を淹《い》れたんだけどティータイムに来ない？」と誘われた時には正直、ドキッとした。でも、彼女が使っているのが、普通の緑茶ティーバッグだったので一安心。

こんな型破りなミクスト・メディアのコースを通して、美術だけでなく、どんな活動にも役に立ちそうな「発想の転換」を学ぶことができた。年度末に、ギャラリーで開催される生徒アート展で自分の作品を探そう。

達人の文学教授法 ——英語——

シェイクスピアを学ぶわけ

二学期からは、英語の授業で『マクベス』を読んでいる。クラスメートのほとんどが、去年の英語の授業で『真夏の夜の夢』を読んだと言うし、何かとフレーズが引用されることの多い、シェイクスピアの作品。私にとってはあまり身近でないため、なぜ彼の文章がそんなに重要なのか不思議に思っていた。すると、『マクベス』初日にミスター・ロウェリーが、さっそく私の疑問に答えてくれた。

「中には、『なぜシェイクスピアなのか』と疑問に思っている人もいると思う。彼の作品を学ぶわけは、彼の想像力＝ストーリーの面と、表現力＝書き方の面と両方にあるのだ。読み物としてただ興味深いだけでなく、自分で文章を書く時にもきっと参考になる」

それでも、私はまだ納得していなかった。その夜、スクールストアで買ってきた《Macbeth》の本を広げ、宿題の第一幕を読んでも全く意味がつかめないのだからなおさらだ。「これって英語？」劇のセリフ調に書かれていることに加え、馴染みのない表現ばかり。

次の日、そうコメントすると、ミスター・ロウェリーは、「きのうの夜はフラストレーションがたまったんだね」と笑っていた。「それも無理ない。確かに読み方のコツをつかむのに時間がかかる。でもみんなが思っているほど古い英語だというわけでない。実は、現代英語が始まったのはシェイクスピアからなのだ」

シェイクスピアは、自分が表現したいことに、ぴったりの言葉が見つからないと自分でつくってしまったほど。Assassinate《アサシネイト》（暗殺する）など今、普通に使われている言葉の中でも、彼がはじめて使用したものがあるのだと聞いて驚いた。「それでも現代は、使われていない表現も多い」というわけで、わかりにくい表現を説明するプリントが配られた。毎晩、プリントと本を照らし合わせて読み進めることが宿題。気づいたこと、疑問などは直接、欄外に書き込んでいき、そのメモをもとに授業では討論を進めていく。

『マクベス』の一番のおもしろさは人間ドラマ。登場人物の心理分析を中心に読み進めていくうちに、だんだんシェイクスピアの魅力がわかってきたような気がする。時には奇抜すぎるほど独創的な比喩表現には当初、手こずっていたが、今では、情景が目に浮かぶようになった。それに、「詩」というだけあって、音読しても流れるようにきれいに聞こえる。一篇の作品が、これだけ凝っていたのかと感心するばかり。読み方がわかってきたので、もう一度本を最初から読み返してみると、以前には英語とは思えなかったことがうそのように、スムーズに読み進めることができた。

Good question!「良い質問だ」

シェイクスピアのおもしろさが少しわかりかけてきたところで、マクベスの授業は、「編集者ごっこ」という意外な活動で締めくくられた。ミスター・ロウェリーが、みんなに指示する。「想像してみてください。ここは出版社の編集会議室です。もちろん私が、編集長……」クラスに笑いが起こる。「そして今日、シェイクスピアという作家が『マクベス』の原稿を持ち込んだとします。皆さん一人ひとりが編集者となって、彼の文章を批評してください」この「編集者ごっこ」は大いに盛り上がった。

最初の意見は、「マクベス夫人が自害する場面を舞台裏にしない方が良い」というもの。「アクションは前面に出した方がインパクトがあったのではないか」と、その編集者は考えたのだ。しかし、編集長のミスター・ロウェリーの指摘に私は、ハッとした。「人は、勝手に想像を働かせる方が怖いということもある。余計、サスペンスが生まれる効果を狙ったのではないか」

その後も、私たち編集者は、様々な指摘をするが、編集長のミスター・ロウェリーは、「こんな意図があったのでは」と作家シェイクスピアの弁護にまわり、結局、彼の作品は、高い評価を得て、無事出版されることになった。文豪シェイクスピアの作品を評価するなんて考えたこともなかったのだが、授業では、このように物事をクリティカルに見る目を養うことが多い。

先生たちがよく口にするのは“**Good question.**”（良い質問だ）というセリフ。「どんどん質問をするように」そして、「質問された時には真正面から答えるように」と指導される。あやふやな返答で逃げようとすると、どの先生も容赦ない。少し遠回しな返事をすると、“**Good point.**”（いいところをついている）と言われてホッとするのもつかの間、“**But you haven't answered my question.**”（でも、それでは答えになっていない）とはっきり言われてしまう。初めてこう言われた時にはドキッとしたけれど、厳しい指摘に慣れておくのも勉強。

クリティカル・シンキング、批評的な見方。ただ自分の意見を押し通すだけではなく、相手の長所や自分の間違いも認める、良い聞き手であることも大切なのだ。それにしても、とことん議論することが当たり前になっているこの学校、スペイン語のクラスでさえも“**Buena**《ブエナ》 **pregunta!**《プレグンタ》”（良い質問！）と来る。

実用的！ 会話習得法 ―スペイン語―

留学先から留学

スペイン語のクラスでは、スペイン語しか使ってはいけない。英語を話すのはダメ、というルールには、思ったよりずっと苦労する。でも、二学期に入り、なんとか日常会話が成立するようになってきた。スペイン語は、動詞の活用なども規則正しいのでコツがつかみやすい。発音に関しては、**a, e, i, o, u** の母音の発音が「ア、エ、イ、オ、ウ」と一通りしかなく、アルファベットをローマ字風に読むことなど、日本語との意外な共通点も見つけた。それに比べると、不規則なことが多い英語は、理屈で覚えるには困難な言語なのかもしれない。

もっと上達すると、一学期間、スペインにホームステイし、現地の学校で言葉や歴史、美術を本格的に学習するという留学プログラムに参加することができる。他には、フランス、イタリア、ドイツなどに留学するプログラムもある。私も行ってみたい気持ちは強いのだが、せっかく入学したチョート校での一学期間を失うことは、もったいない。そこで今のところは、三年生の夏休みに、ホームステイをしながら学校に通いスペイン語を勉強するという六週間の留

スペイン語の授業。みんなの前でスペイン語で発表中

学プログラムに参加しようと考えている。

ホームステイをしたことのない私は、少し不安があったのだが、留学プログラムを経験した人たちは、スペインの家族との交流が"**The best part of the program**"一番の思い出だという。「ホストファミリーと文通を続けていて、今年の夏はホスト・シスターがアメリカへ遊びにくるの!」などという話を聞いて、自分もワクワクしてきた。現地の学校で受ける授業、そして地方ごとの特色や、歴史を感じさせる町並みを見学する、週末の小旅行……。朝九時からスペイン語や歴史、美術の授業に参加した後の、一家の団らんの場、有名なスペインの昼食も楽しみ。「本当にゆっくりと、二時間もかけて味わうのかな?」典型的なアメリカの家庭料理と違って、スペインでは魚介類や、様々な野菜を

使うのでうれしい。海岸沿いの町に滞在するため、午後は海辺でくつろぎ、周りを探索できる。スケジュールを読んでいて不思議だったのは、午後十時半に家族全員が揃って夕食をとる点。このような生活習慣や文化の違いも興味深い。「六週間もスペイン語漬けになったら、随分、上達するのではないだろうか」と、この留学プログラムに、かなり、期待している。

カフェテリアで授業

二学期の後半、食べ物関係の学習には、熱が入っていた。シーフード、果物など、一通り表現を覚えた後、ミズ・シェパードが「さっそく実践！」とクラス全員を連れて行ったのはカフェテリア。今日のミッションは、スペイン語でサンドウィッチを注文するというもの。デリコーナーで働くグロリアさんはエルサルバドル出身で、スペイン語を使うと喜んでくれる。パンの種類を選んで、具の呼び方を思い出す。「レチューガ、トマテ、うーん、ハムはなんて言うんだっけ……」いつもよりずいぶん長くかかったけれど、簡単な世間話もできたし、希望通りのサンドウィッチを手にして、テストにパス！　その後も授業では、自分の家族を写真を使って紹介したりと、話す練習は、続く……。

やはり、外国語は、どんどん使ってみることが、上達のコツ。学期末の詩の暗唱大会ではクラス代表になり、なんと全校のコンテストに出場することができた。しかし、コンテストにはネイティブスピーカーもいて、レベルは高かった。もっと、もっと練習しなくては。

外から見た日本 ―世界史―

日本は鎖国で成功した？

Decentralization and Innovation in Tokugawa Japan（江戸時代の地方分権と革新）。世界史の授業では、ヨーロッパ、アメリカ、アフリカへ戻り、一通り、宗教改革や大航海時代を学んだ後、二学期の終わりに二十二章で再び日本へ帰ってきたのだ。

日本の中学で江戸時代を学んだ時は、鎖国の結果、近代化が遅れたという理解をしていた。しかし、今回、外から見てみると新しい発見が多い。テキストには、「鎖国による平和な二世紀半は日本のその後の繁栄の基盤をつくりあげた」とある。外国に占領された隣国の清と比較して、日本は、鎖国政策をとることにより、成功したというのだ。

私は、さっそく、日本で学んだ鎖国の見方をクラスのメンバーに問いかける。「世界が目まぐるしく変化していたこの時代。そんな時にあえて国を閉ざしてしまったのは果たして賢い選択だったのか？」

「でも完全にシャットアウトしたわけではないんでしょ」というクラスメートに、私はテキストでも簡単に触れていた出島について説明。「そうやって都合のいいことだけ輸入しちゃうのって頭いいよね」「厳しい規制の結果、入ってくる情報など海外の影響を幕府はコントロールしやすくなったんだから、うまく政策が当たっている」と isolation（鎖国）をしていても世界に取り残されなかった日本の作戦は成功したという見方が強くなった。もちろん、これは、幕府の権力者の視点で、庶民の立場は、無視されているのだが……。

それにしても、もし日本が、鎖国政策をとっていなかったら、どうなっていたのだろうか？

個性的すぎるショウグン

江戸幕府の仕組みについてはテキストでもかなり詳しく扱われている。外様《とざま》、譜代《ふだい》大名の違いまで学ぶことには、驚いた。ミズ・ブローコーが、「信用できない大名を遠くに置いて好き勝手されてしまうことは良い判断だったのか」とクラスに投げかける。「でも、忠実な大名には本州の、交通も便利でいい土地を与えたかったからしかたがなかった」と私は、幕府の立場にたって説明した。

結局、この「幕府の大名配置プラン」については意見が分かれて、議論になったが、「新しく開墾できる土地が多かった地方の大名が、幕府の目の届かない場所での非公認貿易で富をためて次第に力をつけた。この配置が、最終的には倒幕へつながったのだ」と、この授業では結論づけられた。しかし、十五代まで、約二百六十年続いたという理由から、徳川幕府への評価がかなり高かったことは、私にとって意外だった。

私は、テキストには載っていない、将軍にまつわる話をいくつか紹介した。時々自分の犬を教室に連れてくるほど動物好きのミズ・ブローコーは、五代将軍徳川綱吉の「生類憐みの令」に一番、興味を持っていた。彼女のコメントは、「ショウグンたちもけっこう個性が強かったのね。でもそこまで行き過ぎていなければ、現代の世の中に必要な博愛精神といえるかも」。

「ハラキリ」と「セップク」の違いは?

この時代の日本と言えばなんと言っても「サムライ」を連想する人が多い。私たちの使っているテキストでは、**Forty-seven Ronin Incident**「忠臣蔵」について挿し絵付きで二ページも割かれている。日本の伝統的な美徳、正義の意識が表れている象徴的な事件と考えられているからだ。「侍たちの処罰をめぐり幕府が苦悩した結果、同じ処刑でも誇り高い切腹で死ぬことが許された」という記述に関して、クラスメートたちは、その価値観がわからないと言う。正直言って、日本人だからといって私にわかるわけでもない。この点に関しては、当時の武家社会に属する「サムライ」にしか理解できないのではないだろうか。当時の武家社会での価値観

忠臣蔵の内容が掲載された、世界史教科書のページ

を想像して、推測するしかない。

しかし、次のミズ・ブローコーの質問には、自信をもって答えることができた。

「レイコ、ずっと不思議だったんだけどセップクとハラキリの違いは？」

「意味は同じだけれど、漢字を音読みするか訓読みするかの違いだよ」私は、黒板に漢字と送り仮名を書いて漢語と和語の違いを説明する。一つの言葉を二通りに読めるということが理解しにくかったようだが、「なんだ、同じ意味だったのか」と長年の疑問が解決して安心している様子。

ところで、さすがに今も日本の町を侍が歩いていると思っている人はいないけれど、武士の魂は健在だと思っている人は、結構多い。果たして、「侍の精神」は、日本の現代社会に受け継がれているのだろうか？
以前は抱くことのなかった疑問を、投げかけてきた「世界史のなかの日本史」の授業だった。

一教科二時間の期末試験

二月の下旬からは、期末試験が始まる。この試験の、最終成績に対して占める割り合いに関しては、自分のプラスになるように、期末の点数が成績に反映されるというシステムをとっている教科もある。例えば、数学では、期末試験の点数がそれまでの成績を上回れば、それが最終的に成績の三分の一を占めることになるが、逆に期末の結果が悪ければ、たったの二〇％で済む、という具合だ。そしてスペイン語と英語については七五％以下を取ると補習、そして追試がある。

教科によっては九月から二月までの復習もあり、範囲がとても広いため、教科書を読み返すだけでもかなりの時間がかかる。五教科分のテスト勉強は、大変だが、やればやるほど良い結果が出るのは明らかなので、今までの板書から小テストまですべてを見直すことにした。試験勉強の期間は、いつもなごやかな私の寮も空気がピリピリしている。

まず、初日は、化学と数学。朝八時、体育館に三百人が集まり、一斉に行われた試験は、各教科二時間だ。どちらも、マークシートと記述式が半分ずつ。化学では、終了間際で計算ミスに気がつき、慌てて直す。危ないところだった。

世界史は、二学期の範囲だけでも百八十ページ。ミズ・ブローコーから「歴史に関しては、宿題で書いたまとめや授業中のメモを見直せばいいはず。何があっても教科書を全部読み返すことはしない方がいいよ。一生かかっちゃうからね」と注意されていたが、結局、私はテストの前の晩、蛍光ペンを片手に頭痛がするまでテキストの小さい文字を七章分、追った。

当日、世界史の問題用紙を手に取ってみると、かなりの難問。朝食の時までは自信を持っていたのだが……。試験はすべてエッセイ形式で、理解力に加え、思考力が試される。記号を選択する問題のように、勘が当たるかも、というわけにはいかない。問題は、大きく三つに分かれている。一番目が、八つのトピックから四つを選び、答えていく問題で、一つ六点、合計二十四点。私は、徳川幕府、アクバル王、乾隆帝《けんりゅうてい》、ジャニサリー（イエニチェリ）の四つを選び、いつ、どこで、誰が何をしたか、歴史上での重要性、などを説明していった。会場で配られた、ブルーブックと呼ばれる自由帳のようなノートに、どんどん鉛筆を走らせる。

次は、「市民革命」、「大西洋の貿易／経済システム」、「宗教革命」の三つのテーマのうち、一つを選択しエッセイを書く問題で、二十五点。最後の五十点満点の問題に一時間は残しておきたいので、これは三十分で書き上げようと決めた。

私は、「市民革命」を選び、急いで、簡単なアウトラインを書き始めた。教科書で復習したこと、クラスでのディスカッションの中から、自分の主張をバックアップしてくれる内容を思い出し、エッセイに盛り込んでいく。

「この時代、市民革命がやっと成功した理由。フランスを例にとると、苦しい生活を強いられていた地方の農民や都市部で貧困にあえぐ人々の不満、それに新大陸関連の貿易などで富を得た資本家階級の教養と啓蒙思想が初めて融合されたため。しかし、中流階級は経済活動の自由化と政治への参加、下層階級は短い労働時間、賃金の値上げや税負担の軽減、と彼らが求めていたのはそれぞれ別のものだった。方向を見失った革命はそう簡単に目的達成には至らず、アメリカが独立と共に築いたような長続きする代表制民主主義も実現せず、むしろナポレオンの独裁主義によって民主化がさまたげられた。しかし、歴史上でその重要性は大きい。アメリカ独立戦争にしても、フランス革命ほど激しく古くからの王や教会、貴族の特権階級に挑戦しなかったし、パリでの革命は大衆の政治への参加の先駆けとなり、これからの新しい時代の幕開けを象徴したのであった」……これらのアメリカ、フランスの例に加え、ハイチ独立へつながった革命の例も使い、結論づけていった。

そして、最後に配点五十点の長いエッセイがくる。テーマは、授業でも詳しく取り上げられた奴隷制度だった。奴隷制度に関しては、今まで、アメリカ史での位置づけしか知らなかった私は、「実際、北アメリカへ送られた人数の三倍が航海中に死亡、そして二十倍が中南米やカリブ海の島々に運ばれた」という事実に大きなショックを受けた。ヨーロッパで市民革命を成功させた、商人や町人たちのパワーの源は、大西洋での大規模な貿易システムで得た富。利益が回り回ってヨーロッパへ返ってくる商売の仕組みで、重要な役割を担っていたのが奴隷制度だった、ということをこの章で学んだ。民主主義の成立を陰で支えたのが、彼らだったという、歴史の悲しい一面を知ったのだった。

この最後の問題は、分けられたプリントに載っている資料を使う**document based question,** 通称ＤＢＱだ。貿易のシステムを説明した地図、料金関係の表や人数を示すグラフ、プランテーションの絵などを、いかに有効に使って自分の主張を裏づけることができるかが、良いエッセイを書くポイント。授業の中でも、与えられたトピックについて短時間で書き上げる練習はしたものの、私は時間ギリギリまで必死だった。ふと周りを見ると、鉛筆を置いて、書き終わった感じの人が多いので焦ったが、後から聞いてみると、もうギブアップしていた人もいたとのこと。

試験の結果は、すぐに知りたいところだが、そうはいかない。試験終了後はすぐ長期休暇に入ってしまうからだ。ところが、春休みのために帰国する前日、私は、コモンルームでアドバイザーのミズ・セティナから、いち早く結果を聞くことができた。なんと、ミズ・ブローコーは私の答案に、百点をつけたというのだ。「一通り最後まで見て、間違いを見つけられなかったから『これはまずい』と何度も読み返したけれど、不足していることがなかったらしいよ」とミズ・セティナ。準備万端で自信を持って望んだ試験だったけれど、難問が多かったため、そこまでよい結果は、期待していなかった。初めは信じられなかったが、「すごいわ！　レイコ。今まで誰にも満点は、つけたことないらしいわよ」と自分のことのように喜んでくれているミズ・セティナと話すうちに私も実感が込み上げてきた。早く家に帰って、睡眠不足を解消しよう。

第三章　十六歳、実りの三学期

Spring Term

待ちに待った、春が来た？

十六歳の誕生日

"Happy Birthday, Reiko!"

四月四日朝七時、ルームメイトのリディアの声で目が覚めた。

"One year older, and you still can't get out of bed."（もぉ、一つ年をとっても全然、朝に強くはならないんだから！）と彼女は続ける。**"Thanks."**と言いながら私は、やっとの思いで体を起こし、机の上にある目覚まし時計を止めた。最近は、目覚まし時計のベルが鳴ってもなかなか起きられないのだけれど、「今日は誕生日なんだ！」と思い出すと、いい一日になりそうな予感がして急いでベッドから飛び起きた。

　さっそく、いつものようにeメールのアカウントをチェックすると、「誕生日おめでとう！」インターネット経由で送られてくるeカードが海外や日本の友達から届いていた。瞬時にやりとりができるeメールはやはり便利。太平洋を隔《へだ》てた違う国に住んでいることを忘れてしまう、こんなメッセージから、私はいつも元気をもらっている。

今日は、一日中、教室や廊下で、先生、友達、そしてまだあまり話をしたことのない人たちからも「誕生日おめでとう！」の一言をかけてもらった。すれ違う人たちみんなが誕生日を知っているのは、毎朝チェックすることになっている **Daily Notice** という学校の予定表に、誕生日の生徒の名前が載っているため。外の芝生でくつろいでいた時、木陰で宿題をしていた友達が **"Happy Birthday to you…"** と歌い始めると、通りすがりの人も加わって大合唱になった。

そう言えば、カリフォルニアに住んでいたころは毎年、友達を大勢招待して誕生日パーティーを開いてもらっていた。クラスメートのバースデーパーティーに招待されるのも楽しみだった。パーティーにも特色があって、裏庭でポニーに乗れたり、スペシャルゲストとして手品師やディズニーのキャラクターがやってきたり、プールが会場だったり。

アメリカでは、何歳になっても誕生日は、「自分が主役の特別な日」として大切にする傾向があると思う。十六歳と言えば日本では、もう誕生日を祝う年ではないとも言われそうだが、学校ぐるみで祝ってもらうことができ、かなりいい気分。

寮に戻り、調子よく宿題をしていると、コモンルームからいいにおいがしてきた。一日の締めくくりは、ウエストウィング主催の寮での誕生日パーティー。休憩時間になり、色とりどりの風船が飾られたコモンルームにみんなが集まってくる。近郊から来ている人の場合は母親がカップケーキを焼いてきたり、ケーキを買って届けたりするのだが、私のように海外から来ている人の場合は、自宅からオンラインで学校のカフェテリアにバースデーケーキを注文することができる。

このシステムを使って、今日のために、日本からチョコスポンジにホワイトクリームのケーキを注文しておいてくれたはずなのだが、本当にちゃんとケーキが届くのだろうか？ 少し心配しながら待っていると、アドバイザーのミズ・セティナが寮の二十三人が満足するまで食べられそうな特大サイズのケーキを運んできた。**Happy Birthday Reiko** の文字と飾りは、さすがアメリカ、と言いたくなるような青空色のクリーム。みんなが歌をうたってくれ、私は、十六本のろうそくを吹き消した。家族から離れて迎えた初めての誕生日だったけれど、多くの友達に祝ってもらい、忘れられない日になった。部屋の壁に貼って大切にしてある、寮のみんなからの寄せ書きのメッセージを読むたび、いつもこの日を思い出す。

学校案内のボランティア

四月の最初の週は、**second visit** でキャンパスがにぎわう。このセカンドビジットとは、複数の学校に合格した生徒が、九月に入学する学校を最終決定する時の参考にするために、実際に授業を受けたり、昼食を食べたり、在校生の生《なま》の声を聞いたりして学校生活を体験するシス

16歳の誕生日、寮のみんなに祝ってもらう

カリフォルニアで迎えた6歳の誕生日

テム。生徒と親たちを迎え、学校側も大忙しのこの日、ホストとなるのは私たち生徒だ。去年の一月に学校を案内してもらった時、丁寧に質問に答えてもらって安心したことを思い出した私も、今回は少しでも手助けをしたいとボランティアをすることにした。

ゲストを迎える当日は、二時間目の化学の授業を途中で抜け、相手の女の子に会うためアーツセンターへ向かった。好きな科目や趣味など、共通点を考えてペアを作ってあるらしい。「どんな子を案内するのかな。話が合う子がいいな」と思いながら名札をつけていると、相手について書いてある紙を渡された。フロリダ州、大統領選で大騒ぎになったあのパームビーチ出身とある。名札を確認する前に雰囲気で相手の女の子、デボラを見つけることができた。**"Hi, I'm Reiko. I'm a sophomore from Japan."** 日本から来た二年生、と簡単に自己紹介をして、一緒に化学の授業を受けるためサイエンスセンターへ向かった。彼女は、チョート校は第一希望校だから今日の訪問をとても楽しみにしていたと言う。

化学の教室に着くと、すでに実験が始まっていた。理科が得意という彼女は、**"Can I help?"**（手伝ってもいい？）と、やる気満々なので「そうね、温度変化のサンプルの間の秒数を測ってくれる？」と答えたのだが、結局は、寮生活のことなどについて質問に答えているうちに話がはずみ、記録はそっちのけになってしまった。隣のグループからデータを写させてもらうはめになり、二人で大笑い。

その後、授業、昼食と一緒に過ごし、デボラをテニスのコーチを初め、彼女が会うことを希望していた先生たちに紹介をして、私の任務は終了。"Hope to see you in September!"（九月に会えるといいね）と言って別れた。今日の訪問をエンジョイして、ぜひ入学を決めてくれたらいいなと思う。

キャンパスには、一年中 **visitor**（見学者）が絶えない。日本からのゲストが来るとアドミッションからeメールが入る。その後も、慶應高校の先生や、長野の高校からのグループなどの学校訪問があり、キャンパスを案内した。自分の知っていることを役立てて質問に答えることができたので、良かった。「ちょうど去年の今ごろは、合格通知をもらった頃で、まだこの学校のことは、何も知らなかったのだ」一年前のことをふと思い出し、そんな自分が今度は、学校を案内しているなんてちょっと不思議な気分がした。

航空会社に訴えられる——デルタVSレイコ

郵便物のチェックは寮生活での楽しみの一つ。「日本から小包、届いてないかな？」期待しながら、メールボックスをのぞいてみる。小包の青い引き換え書ではなさそうだけれど、封筒が入っている。「左に三、右へ、十六でストップ……」急いで回したため、ダイヤル式ロックの番号をミスして、最初からやり直した。やっと取り出した白い封筒は、友達からではない感じ。「先月はたくさん国際電話をしたっけ？」電話代の請求書にしては分厚いなと思いながら表書きを読んでみる。「フロリダの会社？」聞いたこともない差し出し名に首をかしげながら、その場で封筒を破ってみた。

「えっ！　訴訟を起こされたってこと？」"Delta Airlines VS Reiko Okazaki" と題されたビジネスレターの文面を読んでいくうちに、真っ青に。デルタ航空が私に航空チケット代を再度、請求しているとのこと。三十日以内に返答しなければ、同意したことになるという。ことの始まりは、十一月の感謝祭休暇でノースキャロライナ州に行く時、自分で電話をかけて手配した航空券。航空会社側のミスでキャンセルしたハートフォード↓ニューヨーク間の分も余分に請求されていたので、カード会社に手紙を書き、結局その分は、払わなくてよいことになっていたのだった。自分でも忘れていたこの件が、半年も経った今、また、持ち出されるなんて……。

それにしても、「アメリカは訴訟社会」と言われるのは本当だ。映画などでよくあるように、自分の弁護士がついている人が多く、訴訟、裁判といったものが暮らしに密着してしまっている。英語の授業でも、ストーリーの主人公が無実か、有罪かを証明する学習を行ったことがある。クラスのうち半分は prosecutor《プロセキューター》（検察官）、あとの五人は defense《ディフェンス》 attorney《アトーニー》（弁護側）になりきり、文中からより多く、自分たちに有利になる証拠を探す学習で、先生のミスター・ロウェリーが裁判官役を務めた。また、一月に旧正月のディナーを主催した際、届いた料理が足りなかった時には「約束が違うから、出前をとった中華料理店を訴える」という声があがった。このように、学生ですらsue《スー》（訴える）という言葉をよく口にする。

しかし、なんと言っても私の記憶に残っているのは、小さいころのある出来事。友達のエイプリルが、クラスメートとのケンカのとどめで口にした、**"My daddy will sue you!"**（パパが告訴してやるから！）という言葉。当時五歳の私には、その意味が、よくわからなかったけれど、今、考えてみると五歳児の会話にしては恐ろしい。

こんな国だから、「訴訟」ということは、珍しくないのかもしれないけれど、さすがに自分宛、というのは初めての経験。法廷の証言台に自分が立つ、まるでテレビドラマのようなシーンが、目に浮かんできて、焦ってしまった。

寮の部屋に着き、急いで法律事務所からの手紙を自宅にファックス。折り返し電話してきた父は、「キャンセルの電話をかけた時のやりとりは本人にしかわからないのだから、代わりにdispute《ディスピュート》してあげることはできないよ。だから自分で電話をかけて事情をよく説明しておきなさい」とアドバイスをくれた。

そう言われてみると、航空会社に電話をかけた時のやりとりは、私にしかわからない。だから、自分が、事実を知らせるしか、解決する方法がないのだ。そう気づいたので、自分で手紙をタイプし、Baker, Govern & Baker 事務所にファックスした。昼間は授業があるし、一日の活動を終えてから電話をかけると相手の事務所はもう閉まっているからだ。以来、相手は何も言ってこない。なんとか、自力で解決できたようだが、精神的に疲れ果てた一週間だった。

アウトドアでアクティブに

お嬢様をやっつけろ！

「前回のことは忘れて、今日の試合に集中するのよ」コーチがバスの車内を見渡す。「相手は生まれた時からラケットを持って育ってるから手ごわいけど、あなたたちなら大丈夫！」

「そう簡単にいくかなぁ？」と私はダブルスのパートナーのアディーと顔を見合わせた。なにしろ、今日の対戦相手は世界でも有名なコネチカット州グリニッチ市のお嬢様たち。裕福な家庭のたしなみとして乗馬、水泳などと共にお決りのテニスを小さいころから習っているらしい。

春が来て暖かくなったので、私は外でスポーツをしたいと思い、今学期はテニスのチームに入部。このグリニッチ校とは先週、ホームで対戦した。ウォーミングアップの時、テンションを上げようと地元のラジオ局に電話し、生放送で「チョート校の女子テニスのチームです。今日はグリニッチをやっつけるので応援よろしく！」と勝利宣言をしたのに、見事に完敗したのだった。

"We're here!"（着いた！）

町の看板を見つけて、一人が叫ぶと、バスの後ろの方から「やっぱり！　空気が香水のにおいだと思った」とジョークが飛ぶ。そんなことを言っているけれど実は、三十年前にチョート校と合併する前、女子校だったローズマリーホール校はここにあったのだ。旧ローズマリーホール校の校舎を通り過ぎる時、今は日本人学校になっているのだとバスの運転手が教えてくれた。まるで映画に出てくるような広い家と手入れの行き届いた庭、すれ違う高級車に、みんなため息をついている。

学校に到着すると、テニスコートはここではない、と言う。隣のカントリークラブを使うらしい。「何、それって自慢？」全員、ふくれながら持ち物を集め、移動した。負け戦に出るわりには、スクールカラーのブルーとゴールドのリボンを髪に結んで、みんなチョートの白いユニフォーム姿が決まっている。バスから降りて、初めて見るクラブハウスに見とれながら、こんな環境にも慣れている様子のチームメイトに付いて行く。キョロキョロしていると、壁の貼り紙に目が止まった。「必ず、白いテニスウェアを着用してください」

試合の方は、予想通り、全く歯が立たなかった。いつもは、どこへ飛ぶか予測がつかないアディーと私のボールを追いかけるのに相手のペアが苦労するのだが、今日の相手はさすがだ。どんなボールも楽そうに、しかもきれいに打ち返してくる、そのペースに完全に巻き込まれてしまう。プレーが長引くこともなく、気づいた時には、もうネット越しに握手を交わし、コートを後にしていた。

すべての試合が終わった後の、チョートチームのスコアは一対七、第三シングルスでレイチェルが勝ったのが快挙、せめてもの救いだ。今日は、相手が強豪チームなのでしかたない、とみんなも割り切っている。

普段は、もっといい試合ができる。学校のマスコット、**wild boar**（いのしし）マークのついたボールが飛び交う中、「この試合に勝ったら、次はウィンブルドンよ！」というコーチの明るい声援に後押しされて、日ごろの練習の成果が発揮される。水曜日と土曜日の対外試合の、年間スケジュールはあらかじめ決められていて、アウェーの試合ではバスで遠くの学校に乗り込む。バスの往復だけでも時間を取られてしまうけれど、授業では一緒にならないチームメイトと話ができる楽しいひとときでもある。遠征試合に勝利し、学校に戻ってくるなりカフェテリアにユニフォームのまま集まって、打ち上げのチームディナーで盛り上がる時の気分は最高だ。

生徒主催で行われた春の舞踏会で

テーマはハワイアン：春の舞踏会

五月五日の土曜日は、遠征の帰りに高速道路のレストエリアでバスが止まった。ユニフォームのままで流れ込んだのはマクドナルド。学校に着くのが少し遅くなりそうだったので、ハンバーガーを買って簡単に夕食を済ます必要があったのだが、ケチャップをこぼしたりコップを倒したりとバスの中は大混乱になってしまった。

急ぎの理由は、夜のダンスパーティー。一、二年生だけのこの春の舞踏会は、計画から会場準備まで生徒主催だ。去年の「ハリウッド」に続いて、今年のテーマは「ハワイアン」。寮に帰って素早くシャワーを済ませ、パーティードレスに着替えると会場へ向かった。今回のドレスは、ライラックブルーのショート丈。日本で準備をしている時、どの程度フォーマルなドレスが必要かわからなかったけれど、とにかく買っていったものが役に立った。日本の製品は、縫製が丁寧で細部にも気配りしてあってニート（neat）だと結構人気がある。

初めての舞踏会は、十二月二日の **Holiday Ball**（クリスマス舞踏会）だった。舞踏会と聞けば、シンデレラの映画のシーンを想像して、アクアブルーのシャンタンのロングドレスでパーティー会場に入った私の目に、まず入ったのは、天井からぶら下がったキラキラ輝くディスコボール。思ったより、ずっとカジュアル。なんのことはない、クリスマスリースと赤いリボンで飾られたホールでのダンスパーティーだった。

私が想像していたような舞踏会は、卒業プロムで実現する。これは、最上級生が、ロングドレスを新調したり、早くから美容院に予約を入れたりと、準備に時間とお金をかける大イベントで、この日のためには、ダンスレッスンも開かれる。

大急ぎで着替えを済ませたテニス仲間と一緒に、パーティー会場になっているルッズリースに急ぐと、陽気な音楽とざわめきが聞こえてくる。熱帯植物に覆《おお》われた入り口で、首に花のレイをかけてもらい、プロのＤＪの音楽に合わせて、南国の雰囲気とダンスを楽しんだ夜だった。

ジャパニーズクラブのお寿司は大人気

お寿司屋さんは楽じゃない

春と言っても、なかなか一気に暖かくなってくれない。ダウンのベストを着た次の日はワンピース、と毎朝、着る服を選ぶのも一苦労だ。冬には記録的な大雪に苦しめられたあげく、五月初めには「八十八年ぶりの」猛暑を一週間、体験。そしてそれ以来、しばらくは冷え込みが続いていた。でも春のお祭り、スプリングフェストの日曜日は、雨の多いニューイングランドの春にしては珍しく、カラッと晴れて暑いくらい。私たちは、お寿司と抹茶アイスの屋台を出す予定だ。

「もう、何やってるの？　早くしないと、サシミが傷んじゃうよ！　太陽の下なんだから、**food poisoning**（食中毒）出したら困るでしょっ？」

上級生のシホの部屋で浴衣の着付けに悪戦苦闘しているとクラブのメンバーから催促の電話がかかってきた。祭りということで浴衣を着ようと決めたのだが、頼りにしているのはなんと着物店のホームページ。アメリカまで来て浴衣の着付けを覚えるなんて思ってもいなかった。「帯《おび》は何結びにする?」伊達締めを口にくわえ、手を伸ばしてマウスをクリックする。「リバーシブル帯が生きる結び方。これだっ!」無理をして「花菖蒲結び」に挑戦してみたのだが、初心者の私たちにとっては、高度な技。なんとか花菖蒲を仕上げ、足元はピンクのビーチサンダルのまま広場へ向かった。

今月、書類選考と面接を経て、晴れてジャパニーズクラブのオフィサーに選ばれた私にとって、今日の、お寿司屋さんの仕事は初めての大切な任務だ。秋のハーベストフェストでは、たこ焼きがあまり売れなかったが、さすが日本食の代名詞にもなっている寿司は、二切れで一・五ドルと割高なのにもかかわらず、完売した。

うなぎ、スパイシーまぐろ、カリフォルニアロール、えび天ぷら、サーモンと五種類の巻き寿司は、町の日本食レストランからオーダーしたものだ。スシハウスに注文の電話を入れた時、大口の注文なので、値引きをして欲しいと交渉し、成功したのだけれど、それでも元値が高いので儲《もう》けは薄かった。隣のチャイニーズクラブは、自分たちで餃子《ぎょうざ》を料理したため、なんと二百ドルの利益を上げたと言う。「負けてはいられない」と私たちも、すでに来年の春の企画に燃えている。「金魚すくい?」「ウナギのつかみ取り?」まさか! 今のところは、「焼き鳥屋さん」に決まりそうだ。

ネクタイ姿でウェイトレス

春らしい華やかな行事と言えば、花がテーマのガーデンパーティー。女子生徒のためのこのイベントは、もうすぐ卒業する四年生が、来年最上級生になる三年生と教職員を一人ずつ招待するパーティー。ちなみに、男子生徒のためには、冬の **medieval**《メディバル》 **feast**《フィースト》という、長年の伝統行事がある。管楽器の演奏を聞きつけて、話題のイノシシの丸焼きや中世風のディナーを一目見たいとドアのすき間をのぞいてみた私たちも、すぐ追い返されてしまった。

普段から中世の雰囲気が漂う、あのカフェテリアの中で上級生の男子生徒たちが、どんなパフォーマンスを楽しんでいるのかは謎に包まれたままだけれど、ガーデンパーティーについては、あと一年の辛抱だ。とはいえ、誰と行くのか、何を着るのか、楽しそうに上級生たちが話すのを聞いていると、今年はまだ呼ばれないのが残念。そんな私も、意外な形で憧れのガーデンパーティーに参加することになった。

パーティーの二週間ほど前、ヴォイスメールボックスをチェックしてみると、変わった留守電のメッセージがオフィスから届いていた。「女子校だったころのローズマリーホール校の伝統を復活させ、今年は下級生から、ウェイトレスのボランティアを募集します」

さっそく、オフィスに行き、ウェイトレスにサインアップ。そして、クイックトレーニングでは、「スマイルを絶やさない、必ずナイフ側からサーブする、食器をさげるタイミングに気をつける」などの指示を受け、当日を迎えた。

「エプロン？　やっぱり蝶ネクタイかな？」

「それか黒のベストかもね」

ウェイトレスの制服を貸してくれるのかと期待していた私たちだったが、服装は自分たちで用意しなければならなかった。白いシャツに黒いスカートはいいけれど、ネクタイなんて持っていない。男子寮の中を走り回って、黒いネクタイを貸してくれる人を探していた時、ちょうど知り合いのコンラッドをつかまえた。事情を話し、「絶対きれいに返すから！」と約束し、ネクタイをゲット。部屋に戻り、間違えて自分の首を絞めそうになりながらもなんとか結ぶことに成功。想像していたほどきゅうくつではない。「正装って男子は嫌がるけど、ネクタイってそんなに悪くないよね」と、一緒に支度をしていた新米ウェイトレスたちの意見は一致した。

五月二十二日には、パーティーの二時間前から、私たちはテーブルをセットするのに大忙し。会場は、「ガーデンパーティー」の名にふさわしく、「どこから、これだけの花が来たの？」というくらい花、花、花であふれかえっていた。蘭、バラ、ユリ、ガーベラ、プルメリア……。四十七のテーブルを一つ一つ回ってキャンドルを灯《とも》す。グラスを氷でいっぱいにし、パン皿にはバラとヒナギクをかたどったバターを一個ずつ並べる……気が遠くなるような作業が、やっと終わったころ、ちょうど良いタイミングで上級生や教職員たちが到着した。

ディナーが始まると「かわいい！」とウェイトレスは記念撮影にも収まる人気ぶり。しかし、実際の仕事は思ったより重労働。料理はビュッフェ式だけれど、アイスティーのピッチャーを常にいっぱいにしておき、デザートのフルーツやチョコトリュフを並べて、運ぶのも仕事のうち。空になった皿を下げるタイミングも意外と難しい。

四時間後、片づけを終え、残り物で自分たちの夕御飯を済ませたころにはクタクタだった。でも、今日はパーティーの華やかな雰囲気を体験できて大満足。早くも、自分が参加できる来年が楽しみになった。数日後、オフィスから「ウェイトレスが、とても働き者で助かった」というサンキューカードと町で人気のアイスクリームショップ **LJ'z** の券が届いた。

うん、やってよかった！

やっぱり、寮生活！

マシュマロゲームで深まる、寮のきずな

楽しいイベントが盛りだくさんのSpring Term（三学期）だが、テストが続くと寮の空気も張り詰める。そんなある日、プリフェクトたちが息抜きのイベントを計画してくれた。「リラックスするのが一番！」というテーマらしいが、どんな企画なのかは秘密だそうで、朝、洗面所のドアの「十時半、コモンルームに集まること」という謎の貼り紙を前にみんな首をひねるばかり。夜になってみて、それは、寮のゲームナイトだと判明した。最初は「疲れていてそれどころではない」とあまり乗り気ではなかったみんなも、次から次に始まるsilly《シリー》（おかしな）ゲームに笑い転げ、日ごろのプレッシャーから解放されていく様子。

まずは人間イス取りゲーム。私もイス役の一人、片ひざを立て、みんなで円になった。音楽が止まった時、最後の「イス」だと、二人に争って座られるのはたまったものでない。「イス」が片っ端から崩れるので、大混乱だった。

次は定番のcharades《シャレーズ》というジェスチャーゲーム。二チームに分かれて有名な映画、本など

の題名を当てるのだが、声を出してはいけない。意図がなかなか伝わらない、このもどかしさが、またおかしい。映画の名シーンの再現や、最近のプロモーションビデオの振り付けの物真似でかなり盛り上がった。

しかし、一番傑作なのは、最後のマシュマロゲームだ。まずは、「代表選手」のノミネート。このゲームにぴったりと思われる人の名前が次々と挙がった。ルールはいたってシンプル。口に、最も多くマシュマロを詰め込んだ人が勝ち。でも審査基準があり、口一杯にマシュマロを含んだ状態で **"chubby bunny"**（チャビーバニー＝風船ウサギ）とみんなに聞こえるように言えないと失格。なんとも恐ろしいゲームだ。ラッキーなことに、私はアシスタント。袋からマシュマロを取り出し、選手に渡すのだが、最後の方では直接、口に詰め込んだ。初めのうちは全員、余裕の表情だったが五つ、六つとなると、かなり苦しい様子。「チャビーバニー！」の叫びも涙目になり、ゴミ箱へ駆け寄りギブアップの人も続出。本人には申し訳ないが、見ている方は笑いが止まらない。優勝者のキャサリンはマシュマロを八つ口に含んでも「まだまだ」と宣言。久しぶりにハメをはずし、みんな大いにリラックスした気分だった。

パジャマでお出かけ

プリフェクトの一人、クリスタルは、通販マニアだ。健康器具から洋服まで、通販で手に入

通販で注文したお揃いのパジャマで

れた品々が部屋中にあふれている。寮でも、お揃いのパジャマのズボンを通販で取り寄せよう、という彼女の提案で、相談の結果、ネコ柄のピンクのズボンに決めた。その後、パジャマが好評だったことに気をよくして、次は、寮オリジナルのトレーナーを注文することになった。紺色の厚手のスウェット地で、表には自分の名前が刺繡してあり、後ろには**WEST WING**のロゴと、01のナンバーが入っている。これは二〇〇一年の記念で、寮の全メンバーのサインもプリントされた自慢の品。届いた次の日には、もちろん全員が着ていた。

このトレーナーとパジャマのズボンを身に付けて集合するように、という指示があったのは期末試験直前の夜。アドバイザーの先生たちによるサプライズマグナイトだ。いつも通りコモ

焼き上がったカップケーキに一人ひとりの名前をアイシングで書くと完成

ンルームに集まったのだが、全員が揃うと、アドバイザーのミズ・ウッドワードが、「さあ、みんな外に出て！」と言う。「パジャマ姿で外出!?」とさすがにみんなも驚きの表情。どこに連れて行かれるのかと口々に騒ぎながら、ミニバスに乗り込んだ。町中を連れ回されたあげく、たどりついたのは、なんと駅前のピザ屋さん。お腹いっぱいになるまで夜食を楽しみ、この一年間の思い出話と、夏休みの予定について話がはずんだ。

そして、様々なドラマを繰り広げてきたマグナイトも、最終回を迎えることになった。その記念すべき、一年の締めくくりのマグナイトを主催したのは、プリフェクトのクリスタルと私。まずは、近くのスーパーへ買い出しに。そして、アドバイザーのミズ・セティナのキッチンを貸してもらい、シナモンロールとカップケーキを焼いた。寮中に、いいにおいが漂う。鮮やかなブルーとグリーンのアイシングで一人ひとりの名前を書いたカップケーキは、「食べるのがもったいない！」という声まであがり、好評だったのでうれしかった。

実は、カップケーキに一人ひとりの名前をアイシングで書くのは、想像していたより手間のかかる作業で、途中でやめようとも思ったぐらいだが、みんなが気に入ってくれたので、苦労が報われた気がした。

"Home away from home" 家から離れて暮らしている私たちにとって、寮のメンバーは第二の家族のような存在。「ウエストウィングの仲間の、誰が欠けていても、この生活は成り立たなかった」自信を持ってそう言い切れる。しかし、そんな一年間も締めくくりを迎え、早くも、来年の寮を決める時期がやってきた。

来年の部屋は抽選で

初めての年は、学校側から住む場所を指定されるので部屋もルームメイトも選べなかったが、今度は、自分で決めることができる。誰とどこに住むかというのは、次の一年の善し悪しを左右すると言っても過言ではない大きな問題だ。このころになると、友達との話題も、「誰と住むの？　どの寮が希望？」という具合だ。一連の手続きを経験済みの上級生たちも、貴重なア

三年生から住む寮のある、図書室の建物

ドバイスをくれる。「親友だから絶対いいルームメイトだって保証はないよ。ずっと一緒となると二週間目には顔も見たくない、となることもあるんだから。ケンカにならないよう、気をつけて」うまく生活していける相手を選ぶには、いろいろポイントがあるらしい。

私は、気の合う友達二人と話し合い、三人部屋を選ぶことにした。コネチカットから来たレベッカ、ニューヨークから来たダニエッル、それに私。三人はみな、夜型人間。一緒に住む話を進めるうちにだんだんうまく行くような気がしてきた。「毎日がお泊まりパーティーみたいだよね」まだ場所が決定していないのに、家具の設定から部屋のデコレーションのテーマまで、調子に乗って計画した。

ルームメイトが決まると、次は、住む場所探しだ。第一志望から第五志望まで、希望する寮の名前を書いて提出し、抽選で早い番号を引いた人から寮が決定するこのシステムはフェアだと思う。私の学年では選べる寮が八つ。寮によって個性があるし、一般的に便利な位置の寮ほど部屋が小さい、ということも考慮しなければならない。最近改築してあるか、という点も大事なチェックポイント。四人のグループで応募するなら、なんと自分たち専用の廊下とお風呂がついた二部屋つづきの夢のスウィートルームに住むのも可能だったのだが……。三人部屋を選んだ私たちは、プライバシーが保てる一人部屋、一番数が多い二人部屋などを除いた限られた選択肢の中から、部屋に順位をつけていった。

発表は次の週だった。「どこに決まっても、三人が一緒ならOKだよね」なんて言っていても、やはり場所は気になる。人混みをかき分け、貼り紙から自分たちの名前を探す。「ライブラリー！」候補の中でも気に入っていた、図書室の上の部屋に決まった。ライブラリーは、カフェテリアの向かいにあり、便利な通路でつながっているので、雪の日には、一歩も外に出ずに食事に行くことができる。主要教科の校舎に近いこともありがたい。

でも、何よりもうれしいのは、ゆったりとしたスペースだ。三人で住んでも余裕の広さは、今年の部屋とは比べ物にならない。「ねぇ、やっぱり、ソファーを買わなきゃ、空間がありすぎるんじゃない？」とダニエッル。「贅沢な悩みだよね」と言いながら私は、そんな来年の暮らしに期待を寄せる。三年生になると、一人ひとりにカレッジアドバイザーが割り当てられるなど、大学進学への準備が本格的に始まり、さらに忙しくなるけれど、それでも新しい寮で暮らす九月が待ち遠しい。

良い文章を書くコツとは？ ―英語―

ロング・ウィークエンド：ストーリーの舞台を訪ねる

授業の総まとめ、行事……あっという間に過ぎていく三学期の途中、一息つける時期があった。**Spring long weekend,** 春の四連休だ。各学期にあるこのロング・ウィークエンド、秋と冬の時は、寮に残ってリラックスしたが、今回の休みには、父が来てくれることになっていたのでずっと楽しみにしていた。目的地はアメリカに住んでいたころ、家族旅行で訪れたことがあるメイン州。まず、途中、ボストンに寄りながら車で四時間ほど北へドライブし、ポートランドという港町の水上レストランで名物のロブスターを食べ、一泊。フリーポートでは、アウトレットで買い物をし、久しぶりにゆったりとした休日を楽しんだ。

ドライブの途中、ニューハンプシャー州にあるライバル校のフィリップス・エグゼター校に寄った。地図がなかったので勘を頼りに高速道路から降り、近くの店で学校の場所を尋ねると、

「町中が学校だよ」という答えが返ってきた。しばらく車で行くと、立派な学校の校舎が見えてくる。きれいな港町、ポーツマス市近郊にあるエグゼターは、アメリカ独立以前からある町で、全国でも五番目に古いらしい。エグゼター校は、チョート校と同じプレップスクールだが、創立は、一七八一年と私たちの学校の百年も前だ。確かに、ツタで覆われた校舎が歴史を感じさせる。冬の積雪量は、私の想像を遥かに超えるらしく、教室移動がしやすいように、建物が密集している。

「すごく厳かな雰囲気……。でもやっぱり自分のキャンパスが一番だな」そんなことを考えながら辺りを歩き回ってみた。この学校を見学したのには、理由がある。実は、英語の授業で読んでいる《**A Separate Peace**》(『セパレートピース』)という本が、第二次世界大戦中、まだ男子校だったころのエグゼター校で繰り広げられるストーリーなのだ。デボンスクールという仮名を使ってあるけれど、著者の母校であるエグゼター校がモデルとなっている。ストーリーの舞台となった学校の雰囲気に浸ってきたことによって、物語がより身近に感じられた。

布教ではない、文学としての聖書

このように、英語の授業では一冊の本をテキストとして読み深めることもある。新しく覚える語彙、文章の読み方、そして私たちが書くエッセイの課題もその本がベースとなる。日本の国語の授業では、あまり一般的でないかもしれないが、普段、書店で目にする本が、教科書になるのだ。聖書ですら、この学習法の教材に使われる。

一年の締めくくりとなる聖書の勉強は長い前置きから始まった。「自分の信仰と異なる教えについて学ぶこと、または聖書を教材にするという事実に気を悪くする人がいたら申し訳ない」こんなに気を遣うのは、宗教はいつでもデリケートな話題だから。「決して、キリスト教の布教が目的ではありません」という弁解に、私は思わず笑ってしまいそうだった。しかし、もともとはカトリック系のこの学校では、最近までは礼拝に出ることが義務づけられていたわけだから、心配する人がいても無理はない。

「聖書を使った学習をするのには、次の二つの理由がある」とミスター・ロウェリーが続ける。

「一つ目はなんと言っても、ありとあらゆる場で話に引用される聖書の話を、ある程度は知っておく必要があるということ。そして二つ目は、文学として優れている聖書、特にキリストによる言葉の使い方を通して比喩表現の効果的な利用法を身につけることができるということ」

どこかで耳にしたことがあるな、と思っていると、二学期に、シェイクスピアの学習の前に言われたことと似ている。でもこうやって、学習する意義をはっきりさせてもらうと、何を目指しているのかがわかっていい。

この一年間で、様々な授業を通して自分でも信じられないほどの知識を吸収した。その中でも、特に進歩したのが英語力。これで一通り文法、文学、作文を学んだわけだが、先生のミスター・ロウェリーから学んだ一番大切なことは、良い文章の書き方についてだと思う。一年を通して、数々のエッセイが厳しく添削されて返ってきた。その都度、指摘されたことを次に生かすことで確実にレベルアップできたと信じていた私だが、**"Your best effort"**「この一年間で学んだことを生かした最高の作品」にするようにと指示されていた、今年最後のエッセイで**"Very impressive, to say the least."**（とても感銘を受ける）というコメントをもらい、感激!

ミスター・ロウェリーの教えは、英語に限らず、日本語で文を書く時にも通用すると思う。**"Keep it simple."**（一つの段落では一つの論点を議論する。それ以上は追いかけない）、**"You can never revise enough."**（推敲し過ぎる、ということは決してない）。そして、忘れられないのが、**"Show, not tell."**（ショー・ノット・テル＝事例で見せよ、言葉で語るな）という教え。**Show and tell**（ショー・アンド・テル）をもじったもので、「くどくど説明せず、事例を示すことによって読者に伝えよ」という意味。これは、よいクリティカル・エッセイを書く時の大切なコツだ。この指導を受けた後、チョート校受験の際に提出したエッセイの出来映えを考えてみると、背筋が寒くなってきた。今年、英語の授業で授かった教えは一生、心に留めておきたい。

April 4/8～14	May 5/20～26
8 (Sun.) 10:00 陸上、バレー、ラクロス応援 2:00 Kマートへ日用品の買い出し 8:00 生徒カウンセラーの採用面接	**20 (Sun.)** 10:00 会場準備、着替え 12:00 スプリング・フェスト 8:00 LLセンターへ。スペイン語のビデオ
9 (Mon.) ☆提出 { 英語エッセイ / 化学レポート / 数学プリント } 4:45 テニス練習 9:30 寮のマグナイト	**21 (Mon.)** ☆化学のプロジェクト パリ講和会議提案書 4:45 テニス最後の練習 8:30 図書室で日本代表団の作戦会議
10 (Tue.) ☆スペイン語、世界史の単元テスト 3:15 テニス練習 7:30 LLセンターでスペイン語の宿題 《テープでリスニング》	**22 (Tue.)** ☆英語エッセイ仕上げ 4:00 会場準備　化学単元テスト 6:00 ディナー開始 ❀ガーデンパーティー ～8:00 片付け　ウェイトレス❀ ☆会議の資料準備/eメール討論
11 (Wed.) 午前授業 10:00 学年ミーティング 3:30 レンブレック校とホームで対戦 ≪勝ったらチームディナー≫	**23 (Wed.)** 午前授業 10:00 全校ミーティング 1:00 来年の寮・部屋発表 3:00 チェシャー校とホームでラストゲーム 7:30 ベルサイユ専門会議
12 (Thu.) きのうの試合の勝利祝いでキャンセル 4:45 ~~テニス~~ 7:15 スピーカーを招き、ホールで 米・中関係についての講義	**24 (Thu.)** ☆数学単元テスト 《本会議へ最終打ち合わせ》 5:00～7:30 パリ講和会議再考 ☆会議の考察論文が宿題
13 (Fri.) ☆スペイン語作文〆切 3:15 テニス練習 6:30 レストラン「パンダ・ガーデン」より 中華オーダー。コモンルーム集合	**25 (Fri.)** 授業最終日！ 3:30 学年ピクニック 5:30 マグナイトの材料を買いに 8:00 春のミュージカル鑑賞 「ヴェローナの2人の紳士」(シェイクスピア)
14 (Sat.) 12:30 チームバス出発 2:30 セント・マーガレット校でアウェー戦 7:00～11:00 タフト校でダンスパーティー	**26 (Sat.)** ～荷造り～ 4:00 テニスチームの打ち上げ 7:00～3:00 4年生は、ディナー、 卒業プロム、アフターパーティー

4・5月のある週のスケジュール（著者直筆）
※月～金の午前8時から午後3時が授業、土・日が休み

パリ講和会議のシミュレーション　―世界史―

日本代表、やってくれる？

三学期最初の歴史の授業、syllabus《シラバス》（授業の概要）を配りながらミズ・ブローコーが言った。

「これから十九世紀を暴走して、第一次世界大戦終結まで一気に行くから覚悟しといてね」

恐ろしい予感が頭をよぎったので、私は、手を挙げて尋ねた。

「もしかして、今学期の期末試験って、西暦元年から一九二〇年までの全範囲じゃないよね？」

クラス全員が息を飲んで彼女を見守る。

「ううん、今学期は、期末はないのよ」

「やったぁ！」という声が口々にあがるとミズ・ブローコーが、すかさず、続けた。**"But, we have the Versailles Treaty Conference for our final project."**（ただしっ……。ファイナルプロジェクトとしてベルサイユ条約の会議があるわ）

「ベルサイユ？？」

第一次世界大戦の戦後処理のための「ベルサイユ条約」を締結した、パリ講和会議を再現するという三学期のファイナルプロジェクトは、二年生全員を巻き込む学年末の大イベント。一クラスが一つの国を担当し、授業を通して、その国について調べる。そして、事務レベルの専門会議を経て、本会議で各国代表者の生徒が発言し、独自の考察に基づくパリ講和会議を再現してみるのだ。ルールは、一つ。「どんなベルサイユ条約にするかは私たち次第だが、それ以前の史実は、曲げてはいけない」

このプロジェクトには、三つのねらいがある。まずは、歴史の授業として、大戦の意味を考え、この時代の世界情勢をより深く理解すること。次に、自分がある特定の役になりきることによって、いつもとは違う視点から出来事を見る力を養うこと。そして、最後には、この学習を通して、リサーチの仕方や議案書の作成に慣れて、ディベート力を高め、今後の授業や討論の場に役立てること。もちろん、私たちは歴史を書き直すことはできない。でも、当時の国の指導者になりきることによって、その時起こったことの原因や背景を、少しでも解明しようというのだ。

二十七カ国によって一九一九年に開かれた本物のパリ講和会議では、実質的にはアメリカ、イギリス、フランスの三大国、そしてイタリアと日本の利益が優先され、全四百四十条にわたるベルサイユ条約は、敗戦国のドイツにとって、とても厳しいものだった。それに対し、私たちの再考会議に参加するのは、アメリカ、イギリス、フランス、イタリア、セルビア、ポーランド、中国、日本の八カ国。ちょうど二クラスで一つの国を担当する。割り当ては、先生たちが決めるのだが、幸運なことに私たちのクラスは、日本担当になった。

授業で日本について学ぶたびに、私は写真を持参したり、歴史や生活について様々なエピソードを紹介していた。それで、クラスではちょっとした日本ブームが起こっていたため、みんなかなり張り切っている。私は、クラスメートと共に、この会議で日本が何を要求していくのかをはっきりさせるため、図書室の本やインターネットを駆使し、提案文作成に、忙しく動いていた。そんな五月初めの世界史の授業でのこと。時計の針が十時五十分を指し、クラス全員が一斉に立ち上がって、次の授業へと急ぐ時、ノートや教科書をリュックに詰め込んでいると、先生のミズ・ブローコーに呼び止められた。

「レイコ、少し待って。本会議で日本代表、やってくれる？」

パリ講和会議の代表者は、ただ提案を発表するだけでなく、上手に相手国を説得しなければいけない。そのためには、史実を細かいところまで把握しておかなければならず、大変だが、同時にとてもやりがいのある役だ。このプロジェクトが始まって以来、最終日にある本会議で意見を述べる代表をやりたいと思っていた私は、すぐさま返事した。

"Sure, of course!"（もちろん、喜んで！）

1919年6月28日パリ講和会議でのベルサイユ条約の調印。日本の随員には、近衛文麿、吉田茂ら、のちに表舞台で活躍する政治家もいた（UPI・サン）

次の日、授業でミズ・ブローコーが、「本会議の日本代表は、レイコにやってもらいます！」と発表すると、拍手と共に、**"You can do it!"**「レイコならできる！」「がんばって！」という声が挙がった。クラスメートのサポートがうれしいけれど、この任務の重要さに改めて気づき、みんなの期待に応えなければとプレッシャーを感じる。

政府代表になりきって

本会議で決議案を出す前には、専門会議で細部を話し合う必要がある。それぞれの生徒は、担当する国の中でさらに、「賠償金」「軍縮」「国際連盟」「戦争責任」などの専門分野が与えられる。本会議の前夜に行われる専門会議で原案をまとめ、クラスメートたちが各専門会議で得た結果をもとに、私が日本代表のスピーチを行うわけだ。

私の専門分野は「領土」。日本にとっては一番重要かつ、複雑な国益が絡んでいて非常に難しい問題だ。とりあえず、この専門会議に提出する法案を書き上げなければいけない。

リサーチを進めていくにつれて、自分の立場の難しさに気づいた。歴史上のこの時点を考えた時、私個人としては、日本のこれ以上の勢力拡大に反対だ。植民地支配に終止符を打つべきだと感じている。しかし、ミズ・ブローコーからは、「この時の政府代表の立ち場を考えなければならない」と注意された。つまり、当時、アジア進出を強く推し進めていた日本の姿勢を忘れてはいけないというのだ。ミズ・ブローコーからのアドバイスは、「攻撃される危険性もあるけれど、政府代表になりきって、自信を持って発言してね」。

eメールで討論

本会議の日が近づくにつれて、だんだん代表としての心理に、なりきっていった。二年生全員がチェックすることになっているネット上の掲示板では、早くも激しい議論が闘われている。部屋に帰ってパソコンを立ち上げ、まずは、イタリアとセルビア代表からの「アドリア海岸の所有権について」という題名のメッセージに目を通す。

そして、「山東省の件」では、さっそく中国代表から日本の撤退を求める文章が届いている。

この要求への対応については、昼間の授業で対策済みだ。「日本からの移民の受け入れ、そして資源の共有と引き換えに技術、経済、軍備の面で援助をする」と、協力的な関係をうたうもの。とは言っても、日本が山東省を支配している事実は変わらないのだから、同意してもらえる可能性は薄い。

もう一通、アメリカ代表からは「南洋諸島を譲ってほしい」というメッセージが来ている。これは、イギリス、フランス、アメリカの三大国からの要望だというのだが、私は、この長い提案文章を読んでいくうちに決定的なミスを見つけた。日本が参戦した理由についての記述だが、日本に勢力拡大の野望があったとはいえ、そもそもはイギリスがドイツ軍への対応を日本に頼んだ事実が全く無視されている。「だてに中学で日本史の授業を受けて来てるんじゃないんだから！」と、さっそく反論のeメールを書く。「自分たちが参戦を頼んだ事実を忘れるな！」

日本代表として、私たちの要求の正当性を相手に納得させるために、日本から持ってきた資料もフル活用しなければ……。ベッドの上にまで広がった本の山から、探していた書類を見つけだす。

「これだ！」テキストにも載っていない事実を示し、再度、eメールで反撃に出た。「現に、一九一七年にはランシング・イシイ協定で、アメリカは、日本の海外権益を確認している」相手は、自分たちの知らない事実をつきつけられてたじろいだようだが、それでも反論は続く。eメール討論の場合、このように資料を駆使し、リサーチをして返信できる余裕があるのだが、本番の会議では何を指摘されても、その場ですぐに応酬しなければならない。当日までに、日本についての全情報を頭に叩き込み、素早く対応ができるよう、準備に全力をあげなくては。

このようなeメール討論や、図書室での作戦会議に精力的に参加していると、それだけで時間を取られてしまうが、忘れてならないのは、ベルサイユ大プロジェクトは、世界史一教科だけのものだから、これだけに時間を割《さ》くわけにはいかないという事実。他教科の単元テストや、論文などの提出日が赤ペンで書きこまれたカレンダーを見ると、絶望のため息が出てしまう。「でも、この二週間を生き抜けば、夏休み……」チョートでの一年間が終わってしまうさみしささえも、感じる余裕がないほど、今は忙しい。

慌ただしいのは学習面だけでない。スポーツだって最終試合を控えているし、年度末は、特別行事が続く。とどめは、今夜、寮のミーティングで「次の木曜日までには、部屋を年度始めの状態にしておくように」と指示されたこと。部屋を見渡すと、空っぽどころか、今は床が見えないほど散らかっている。「この部屋が空になることなんて、どう考えても無理……」

だから外交は難しい

本番前夜の、領土に関する専門会議では早くも議論白熱。複雑な国益だけでなく、多くの人々の暮らしにかかわる領土問題では、なかなか合意に達することができない。絡んでくる事柄は、歴史や宗教から、戦略面や経済問題まで広範囲にわたる。専門会議は難航した。

まずはヨーロッパで、ドイツとオーストリアが失った領土への対応から。一通り協議が済んでから、やっとドイツが海外で失った植民地に話が移る。しかし、アメリカ、イギリスとフランスが、自分たちの都合がいいように「民族自決」の概念を利用し、日本の領土を取り上げようとするのには、面喰ってしまった。どうしても日本に大国の仲間入りをして欲しくないらしい。イタリアとセルビア、ポーランドまでをも味方に付けて攻撃してくるとは、全く卑怯だ。

実際の会議のように、三大国がヨーロッパに気を取られているうちにアジアで勢力拡大ができると思っていたのに、不意打ちを食らった感じ。結局、山東省は中国に返還され、南洋諸島はアメリカの手に渡る寸前まで来てしまった。ここで投票に持っていかれると、明らかに負けだ。

どの国も敵にまわってしまったので勝ち目はないのだが、言うべきことは、言っておこう。

「自分たちがアフリカと中東で領土を広げているのはどう正当化するのか？　納得できる理由が聞けるまで、日本は、一歩も譲らない！」とアメリカ、イギリス、フランスの代表をしつこく追及した。最後まで私が粘ったため、南洋諸島の所有権に関しては、明日の本会議に持ち越されることとなった。決定が先送りされたことによって、明日までに、よい作戦を立てることができるかもしれない……。

今日の議論では、かなりしゃべり続けたし、攻撃されて精神的にも疲れた。寝る前にネット上の掲示板をチェックしてみると、今夜の私のスピーチに対し、相手国から「感動した！」というメールが。「引き下がる覚悟をしたのかな」といい反応を期待して下にスクロールしてみると、「……でも我が国の姿勢は変わらない」と続く。外交はそんなに甘くない。

体調は最悪、奇跡的な回復はなるか

次の朝、目覚めたとたんに何かがおかしいと思った。起き上がろうとすると、頭痛がする。「あぁ～」よりによって、本会議当日に風邪をひくなんて。窓を閉め忘れたため、明け方、部屋が冷え込んだのだと思う。のどが痛いので、もしや、とこわごわ声を出してみると、とりあえずは大丈夫そう。入学三日目の事件を覚えているクラスメートたちは **"Lose your voice again?"**（また声が出ないの？）と心配してくれたけれど、「一日、小声でのどをいたわるから夜までには回復する」と強気に笑い飛ばした。そんなことを宣言して大丈夫なのだろうか？

一日中、体調はすぐれず、五時間目の数学のテストの時は、最悪だった。「日を変更してもらった方がよかったかも」と言って、先生のミスター・デマーコに提出した log 応用のテスト。

落書きのような数字が並ぶ答案用紙をしばらく見つめた先生には、笑われながらも"I agree"（そうだね）と、はっきり言われてしまった。そして三時間後、すべての授業を終えてやっと自分の部屋へ。

「そう言えば……」このような大イベントには special dress（正装）が義務付けられることを思い出した。資料集めに走り回っていたため、服装のことなんて、すっかり忘れていた。ちょうどその時、部屋のドアがノックされた。息を切らせて飛び込んできたメラニーが、「イタリア代表団は『モードなイメージで』と黒ずくめらしいわよ」と情報をくれる。「レイコ、やっぱりキモノでしょう！　それともプロフェッショナルにスーツ？」

アドバイスは有り難いが、それでは窮屈だし、第一、暑い。きのうの晩のような議論になったら熱気に包まれるのは予想できる。結局、コーラルピンクのサマーニットとベージュのスカートに着替えた。男子の正装は、スーツにネクタイと決まっているから、紺や黒の多い中では鮮やかに見えるだろう、という狙いだ。きのうの「熱弁ぶり」を生で聞いていたメラニーには「あれ以上目立ってどうするの」とからかわれたが、これも日本のため。それより、書類の最終チェックをしなければ……。本会議開始まであと二十分を切った。

嵐の前の静けさ

世界平和がかかっている書類がぎっしり詰まったファイルを小雨から守りながらサイエンスセンターの一階、ゲッツ会議場へ急いだ。ここは、上級生のモデル議会のメンバーたちが、「アメリカの難民受け入れ政策」についてディベートしていた会議場。一月二日に放映されたNHKの番組、『二十一世紀の日本人へ　独創教育で知の再生を』でも紹介されていたモデル議会は、「アメリカの政治制度」という授業のファイナルプロジェクトだった。

私たちの「パリ講和会議」では、コロシアム状の席に、二百人近い二年生の生徒が代表国ごとに座る。机に立っている旗の中から、日の丸を探した。先に来ているメンバーが手を振っているのを見つけ、ほぼ中央の列にある席についたとたん、後ろの席からジェニファーが耳打ちしてきた。「ポーランド代表団が、提案してきたわよ。ポーランドの領土拡大に投票すれば、日本がマリアナ諸島の北半分を受け取る提案をサポートしてくれるって」

アメリカが非公式に発表した「日本が山東省をあきらめれば、南洋諸島の一部を受け渡す」という提示にポーランドも賛成する、という意味なのだろう。

本番開始ギリギリまでは戦略的な「同盟」の最新情報を交換しているようだが、これでは外交というより取り引きだ。「どう考えても、せこい交渉だよね」と私は、ジェニファーに同意

ゲッツ会議場。ベルサイユ条約プロジェクトの本会議では各国代表が議論を闘わせた（写真は別の催事）。

を求める。私たち日本は、そんな部分取り引きに応じる気はない。大勢不利でも、最後まで精一杯やろう。本会議は五時から七時半まで続くので、軽い夕食がわりにということでピッツアが配られているが、何も食べる気にはならない。

宣戦布告!?

進行役の先生が壇上へあがり、会場のざわめきがおさまる。

"Welcome to the Paris Peace Conference."（ようこそ、パリ講和会議へ）まずは、きのうの晩に協議された原案の採決から。きのう結論に至らなかった領土問題から始めるため、日本代表、私の出番だ。満席の会場の視線が自分に集まるのを感じながら、口を開く。

"We, the representatives of Japan..."（私

たち、日本の代表団は現在、我が国が保持する海外の領土での権利を主張します……）準備も万全だし、予定通り、大事な点を強調しながら五分の持ち時間の中でスピーチを続ける。

“...Upon contributing to the allied victory in the war, we are not asking for any new territories or enormous reparations. We will not agree to further unjust losses by having our current overseas rights taken away. Furthermore...”（……他の戦勝国と違い、私たちはこの条約を通して、新しい領土も多額の賠償金も要求していません。それなのに、すでに持っている海外での権利を失う、という不当な扱いには断固たる態度で立ち向かいます。そして……）あともう少しのところでブザーにさえぎられた。

“Your time is up.” えっ、もう時間切れだなんて。急いで手元の書類の束を確認する。もっと続けたかったが、とりあえず大事な論点はすべてカバーできた、と満足。

日本代表としての私の提案に対して、さっそく、厳しい追及が始まる。第一次世界大戦の時点では他の国も植民地を搾取《さくしゅ》、開発しているのに、自分たちのことは棚に上げ、引き続き日本を攻撃する大国の姿勢に、日本を担当するクラスのメンバーは全員カンカンだ。

「他の国は、この条約を通してさらに領土を増やしているのに、連合国側で戦った日本が領土を失うのは不公平！」

「そっちが態度を変えないのなら、こっちも最後の切り札、『宣戦布告作戦』を使う！」と主張するメンバーも出てくるほど事態は悪化。これは、あまりにも状況が不利になった時、会議に背を向けようと昨夜、緊急に立てた日本の作戦。条約調印を拒否すると脅すことで、こちらの真剣さを伝えようというわけだ。

この本会議の議論で発言権のあるのは私を含む八人の各国の代表者だ。ディベートに慣れた相手から鋭いコメントが飛び出すと、こっちも思わずけんか腰になってしまう。去年は議論に熱が入りすぎ、退場者も出たらしい。冷静に考えてみると、自分たちが実際に得や損をするわけではないのだが、皆それぞれの国の代表者になりきっているので、気合いの入れ方も半端ではない。

大国からの反撃にも正論で立ち向かったが、昨日に引き続き日本への風当たりは依然、厳しい。ここで最後の切り札だった強硬手段に出るかどうかは、私の決断にかかっている。気持ちが揺らいだのは事実だ。しかし、少し落ち着いて自分自身に問いかけてみた。「感情的になっていないか?」

他国の代表の態度に腹が立つのも確かだけれど、決裂寸前の領土会議とは対照的に、他の分野では、昨夜の専門会議でうまく合意に至ったと聞いている。そしてなんといっても、私たちが押し通そうとしている侵略的な勢力拡大は、どう考えても正しくない。領土問題は潔くあきらめることにした。

二〇〇一年版ベルサイユ条約に調印

その後、他の専門分野の話し合いは比較的スムーズに進み、ついにまとまったベルサイユ条約が多数決によって承認された。アナウンスが流れ、ドイツ代表に扮した先生が二人、軍服姿で入場。私たち八人の各国代表が壇上で見守る中、条約にサインする。

実際のベルサイユ条約では日本が手に入れた領土を、私たち日本代表団はベストを尽くしたにもかかわらず、取り上げられてしまった。しかし、私自身は、この条約が帝国主義の終わりを意味するべきだったと思っていたので、個人的にはこの結果に満足している。そんな自分の思いに反して、政府代表としての私の立場は、最後まで国益を追求するというもの。外交の場での、公私のバランスの難しさを思い知った。

なんとか戦争回避ができたパリ講和会議。私たち日本の代表団にとっては失ったものが多く、残念だったが、世界全体を見ると良い結果が得られた。国際連盟には大国がすべて参加し、植民地も減り、民族や言語の分布に沿った新しい国境が定められた。実際の会議では否決されてしまった、「国際連盟の規約に人種平等を明記する」という日本の提案が、今回は採決されたことも大きな成果。敗戦国への対応も、支払い可能なレベルの賠償金、経済の立て直しを支援するプログラム、そして戦争責任者だけを処罰する決定など、道理に適《かな》ったものになった。

実際には国家収入の十七倍の賠償金によってドイツ経済が混乱したことなど、ベルサイユ条約が残した問題が多かったのに対して、私たちの会議では、自国の利益を追うばかりではなく、世界全体の平和のために気を遣う姿勢も、随所に見られた。実際の会議もこんな結果だったら第二次世界大戦を防ぐことができたかもしれない。

第四章　それぞれの夏

Summer Vacation

あっという間に学年末

忘れないうちに受けるSATⅡ

世界史のファイナルプロジェクトでは決裂を回避し、他教科の期末試験も無事終えた。が、私のチョートでの初年度は、まだ終わらない。大事なテストがあと三つ。六月二日に行われるSATⅡという全国一斉の大学入試テストを受験するのだ。

SATⅠが、英語、数学と二教科のテストで、大学受験者全員に必要なのに対して、SATⅡは、サブジェクトテストとよばれ、自分の得意な教科のテストを受けて、大学側に提出するもの。今年は、まだ二年生だが、この一年間を通して学んだ化学、世界史、**Writing**（英作文）を受験してみることにした。学校側も、「記憶がフレッシュなうちに」と通年の授業が終わった直後にSATⅡを受けることを勧める。会場が、学校の体育館だというのも便利なので、夏休みに入っているが、受けてみることにしたのだ。

しかし、試験の前日は、よく眠れなかった。緊張していたわけではない。寝具のない、マットレスだけのベッドでバスタオルがふとんがわりだったので落ち着かなかったのだ。夏休みの間は、サマースクールの生徒たちが部屋を使うので、私たち寮生は、部屋を空にしなくてはならない。寮生活をしている生徒の中でも、親が車で迎えにきてくれる人たちは、荷物を積んで家に持って帰ってもらえるから、比較的楽に引っ越しができる。私のように家が遠いとなると、荷物は倉庫で預かってくれるのだが、終業式の二日前までに、部屋中の物をすべて段ボール箱に収めて、倉庫に運ぶという日程がきつかった。

直前まで続いた、世界史のファイナルプロジェクトと期末。試験最終日、スクールストアで段ボール箱を十個購入し、必要ない物から詰めていったのだが、意外と物が増えている。なんとか十箱に収めたものの、そのあとは、スーツケース一つで生活するしかない。寝具も箱に詰めてしまったので、その後数日間は、ベッドのマットレスの上にバスタオル一枚で寝なくては、ならなかったのだ。

SATⅡ当日は、朝起きると、雨。思わず、防水のジャケットを出そうとクロゼットを開けた。空っぽの空間を目の当たりにして、やっと持ち物をすべてパックしてしまったことを思い出した。「ということは……」傘も、今ごろは倉庫の段ボール箱の中に眠っている。しかたがないので、カフェテリアに降りていって、ベーグルにクリームチーズの朝食を済ませると、試験会場の体育館まで走った。

全教科が一緒に入っているので、厚さが電話帳ぐらいあるテスト問題の中から、自分の受ける教科のページを探す。一教科、一時間。三時間集中していたので、テストが終わると、どっと疲れた。新学期、スコアがでると、進学アドバイザーと相談して、大学へ送るかどうか決めなくては。

全部取りたい二八〇コース

今年の授業は、こうやって、無事終了した。全部で二八〇あるコースの中から今後、何をとっていくかを決めるのは、大変だけど楽しい作業だ。興味ある授業の内容を詳しく調べたい時は、キャンパスネットを利用して、シラバスをチェックすることができる。

日本の近代史を学ぶ、**Modern Japan : from SAMURAI to SONY**（現代日本史：サムライからソニーへ）は、この学校に入学する以前から目をつけていたクラスなので是非とも受けてみたい授業の一つだ。ネット上でシラバスを見ると、全三十六回の授業は、大きく三つに分かれている。日本の歴史はもちろん、政治、経済、文化、教育システムなども、詳しく学習するようだ。徳川幕府と鎖国から明治維新、そして二度の大戦を経たあとの、第三部のサブタイトルは、「エコノミック・フェニックス」。第二次世界大戦後、焼け野原からの日本の経済復興を、灰の中から復活するという不死鳥にたとえているのがおもしろい。駐日大使だったライシャワー博士の本などを教科書として使うのだということもわかる。

上級生からの情報も貴重だ。四年生のマリッサからは、American Political Institutions（アメリカの政治制度）を是非取るようにと勧められている。授業の締めくくりとして行った二泊三日のワシントンDC旅行では、実際に最高裁の判事や議員へインタビューする機会もあり、とてもいい経験になったと言う。理科なら、環境問題や遺伝子学など、最近話題のトピックスを取り上げる生物学のコースCurrent Topics in Biology、アートの分野では、写真撮影の技術を身に付けるためのPhotography（写真）や、ディベートやスピーチの方法を学ぶVoice and Diction（話し方と発声法）などがためになるらしい。

能力によって、授業のレベルも細かく分かれている。多くのコースが、レギュラークラスの他に、高度な授業を行うhonors（特進）クラスを設けていて、さらに進むと、試験に合格することで大学の単位を取得できるAP（アドバンスド・プレースメント）クラスを受けることもできる。

また、自分で授業をつくってしまうことも可能だ。寮のプリフェクトの一人ジェニーは二学期、メンバー数人と先生を集めて「韓国史」のクラスを開講した。確かに、外国語のクラスとして韓国語はないし、歴史の授業でも登場することが少ない。その現状に甘んじるのではなく、「ないのなら、自分でつくろう」というアイディアと行動力に思わず感心した。教材の準備に走り回っていて忙しそうだったが、彼女は新しいクラスが成功したことに、とても満足していた。自分が興味のあることを学べるように生徒の意志を尊重してくれるのは、素晴らしいシステムだと思う。私も、日本のニュースで見る「ニホン」と、「ニューヨーク・タイムズ」などを通じてアメリカで報道されている「ジャパン」との違いを検討することによって、日本の時事問題を学ぶ「**Japan Now**」のクラスをつくりたいと考えている。

今のところ、来年の**Fall Term**(一学期)に取るコースは、オナーの**American History**(アメリカ史)、**Spanish 2**(スペイン語250)、**Trigonometry and Calculus**(三角法と微分積分)、**Biology**(生物学)、**American Literature**(アメリカ文学)、そしてレギュラーの**Philosophy**(哲学)、と、ほぼ決定だ。今後、残りの学期に何を選択していくのかは、自分の専攻を考慮しながら判断していきたい。

最も忙しかった一年

ロング・バケーション

今までで一番忙しく、かつ充実した一年が終わった。そんな一年を締めくくるのが、**Prize day**(プライズ・デー)。終業式にあたるこの式には、全校生徒が体育館に集まり、学業、芸

全生徒が体育館に集まったプライズ・デー

術、スポーツそれぞれの分野で、優秀な成績を収めた生徒が表彰される。式場では寮ごとに着席しているため、オーケストラでバイオリンのソリストを務めたジェニーの名前が呼ばれると、ウエストウィングのメンバー全員で立って拍手と歓声を送った。

学業面では、各学期に発表される成績優秀者《ディーンズ》・名簿《リスト》に名前が載ることが名誉とされている。これは、履修している全教科の成績が考慮されるので、専門的な能力だけでなく、バランスも求められる。私にとって今年最大の成果は、このディーンズ・リストに全学期、載ることができたこと。初めは戸惑った授業スタイルにも、思ったより早く慣れることができたようだ。

いったい、転換期は、いつだったのだろうか？　必死だった当時は、意識することがなかったけれど、一年間を終えた今、気づくことがある。こなさなければならない課題が膨大な時でも、いつも何か新しい発見があり、やり終えると達成感を味わうことができたという事実。このように、「大変、大変」と言いながらも、なんらかの形でエンジョイできたのは、ここでの授業法が自分に合っていたのだと思う。「英語で教育を受けたい」という強い思いを抱いてここに来て、今までやってきたことは、間違いではなかった、と徐々に思えるようになってきた。活発なディスカッションなどを通して、「自分たちで作り上げる」授業形態。これこそ、私が探し求めていたもの。自分にぴったりのスタイルが見つかった今後、どれくらい成長できるかは私次第だ。

九月に学校が再開するまでの、三カ月の夏休みは、それぞれ、思い思いに過ごす。チョート校からスペイン、ロシア、日本、中国などへ語学研修に行く、五週間前後の留学プログラムに参加すると、上達の度合いによっては、学校で言語のクラスを一年間取った単位が認められる。また、大学のサマースクールなどに参加する人もいる。

貴重な人生経験を積むための、夏のアルバイトも奨励されている。去年、プールサイドでレモネードを売ったという人、今年は近くの会社でビジネス・インターンとして働く人など、職種もいろいろあるようだ。見聞を広めるために旅行をすることだって、将来に向けて勉強する良い機会。学校活動の選択の幅も広いけれど、夏休みに生徒たちは、長期休暇だからこそできる様々なことに挑戦する。九月に、みんなから体験談を聞くのが楽しみだ。

旅立ちを祝福

初年度の学校生活を無事に終えた解放感、あれもしたい、これもしたいと計画盛りだくさんの夏休みへの期待……こんな晴れやかな気分の学年末は、同時に別れの季節でもある。六月三日は、いつも頼りにしていた最上級生の四年生たちの卒業式だ。アドミッションズ・オフィスのある建物、アーチボルドの前の芝生では、卒業式のステージ建設が始まった。

「卒業式」と聞くと、大学のガウン姿や、制服を連想していたけれど、男子はスーツ、女子は白のワンピースならデザインは自由。頭に花輪をかぶったり、背中に羽根をつけたりとオリジナリティーを発揮する人もいる。校旗がはためく青空の下、家族や親戚も総出で、卒業生の晴れ姿を祝う。

まだ入学から一年しか経っていない私にとって、理解することは難しいかもしれないけれど、入学から卒業まで授業、スポーツ、クラブ活動はもちろん、寮生活まで共にした絆は非常に固いと聞く。一緒に厳しい毎日を乗り越えてきた仲間意識、そして数々の貴重な機会を与えてくれた学校への思い入れは、相当なものだから、多くの生徒が、卒業後は、**alumni**《アルムナイ》（同窓生）として、五月の **reunion**《リユニオン》 **weekend**《ウイークエンド》に帰ってくる。その週末には、最近卒業した大学生から、家族連れや、なんと五十回目の同窓会を迎える人々まで、多くの卒業生でにぎわう。ここの人たちは、一生"Choatie"《チョーティー》チョート生なのだ。

そして迎えた、上級生たちの卒業式当日。私は帰国のため午前中に学校を出発しなければならなかったから、式を見ることができなかった。

最後の記念にということで、四年生とは、近くのレストランで、一緒に朝食を取った。初めての寮生活、想像以上の勉強量……ここでの学校生活に慣れることができたのも、上級生たちの心強いサポートのおかげ。これからは、その姿をこの学校で見ることはないのだとは、まだ考えたくない。

私が"Graduation"と呼んだ卒業式を、"Commencement"《コメンスメント》と言う、と教えてもらった。「新しい世界への旅立ちを祝う」意味が込められているのだそうだ。

「ふーん、そうなんだ」卒業式とは、『終わり』ではなく、『始まり』なのだと考えるその発想に、少し気が楽になった。別れはさみしいけれど、それよりみんなの新しい門出を祝福しよう。これからも、それぞれ、自分の得意分野で活躍してほしい。今度は、私も、新入生のアドバイス役になるつもりだから……。

雨が多い春だけに、あいにくの、どんよりとした曇り空。天候のことが、気にかかるが、"It can't rain on your graduation!"（みんなの卒業式、雨が降るわけないよ！）最後に、そう言い残して車に乗り込む。車がニューヨーク空港へ近づいた時、ちょうど雨雲のすき間から差し込む光が見えた。「もう卒業式、始まっているんだ」学校の真上にも青空が広がっていることを願いながら、アメリカを後にした。

エピローグ

「英語で勉強がしたい」とアメリカのプレップスクールに通う道を選んでから、一年……。

入学当初は、ここの授業形式と宿題の多さに面喰った。授業初日の前夜、成績のつけかたの基準や、毎回の宿題の範囲があらかじめ印刷されている **syllabus** をテキストと照らし合わせながらさっそく宿題に取りかかってみた私は、愕然とした。読書量が半端でない。かなりの量を読むのに慣れているし、速読には自信があったのだが、設問も高度で、しっかり理解しないと歯がたたない。「こんなに時間がかかっていると、今夜中に終わるはずがない。私は、何か間違えているのでは？　こんなこと不可能！」

しばらくして、「**regular**（普通）クラスでも一教科四十五分、**honors**（特進）クラスだと一時間の宿題が出される。一時間の授業と一時間の宿題で一セット」という事実が判明。毎晩、宿題に四〜五時間かかるのが当たり前とわかった時は、「これが普通の状態だったのだ」と逆にホッとした。日本では、宿題はほとんど出なかったし、予習も必要なかったので、環境の急激な変化といえる。実際、エッセイや、レポートの宿題が出た時などは、その何倍も時間をかけるから徹夜も珍しくない。

アメリカ人の家庭のなかには、この勉強量が気に入って、子供をこのような厳しい学校にやる親たちもいるらしい。でも、私は、そんなことは全く知らず、プレップスクールに対する予備知識が少ないまま入学してしまったのだから、驚くのも当然だ。一学期に、家へ送ったeメールを読み返してみると、当時の戸惑いがよみがえる。「こんなペースが、本当に一年間、続くの……？」

それが、続いたのだった。この状態は、例えばマラソンの選手が、あえて酸素の薄い、標高の高い場所で練習をするのに似ていると思う。厳しいけれど、それは、自己実現のためのトレーニング。自分で自分に課したものなのだ。

トレーニングをやめることも、もちろん自由。しかし私は、必死で勝ち取った入学の「切符」がもたらすチャンスを、逃したくなかった。同じように目的意識を持って集まっている仲間たちのエネルギーに刺激され、挑戦し続けるうち、発見したものがある。それは、自分なりのリズム。自分のリズムとポジションを見つけ出した時から、学校生活は、生き生きと輝きを見せた。

「誠実と高潔」を、モットーとする学校が、力を入れているのは、学習面だけではない。学校は、みんなが、それぞれの分野でリーダーになるよう、人格面も含めてトータルな教育を行う一つのミニ社会だった。好きなことを追求したり、新しいことに挑戦したりする環境が整っていて、自分たちの企画を実行し、多くの人に働きかける起業家精神が奨励されている。私も、大統領の元側近にインタビューをしたり、チケット制のディナーを主催したのはいいが、料理が足りなくなってゲストに謝ってまわったりと、貴重な人生経験を積むことができた。

多くの選択肢が与えられている分、必然的に、自分の行動に対して負う責任は大きい。ルール違反に対する処罰も厳しい。自由を満喫すると同時に、それに必ずついてくる「責任」を感じとることができた。この一年で学んだことは測りしれない。

しかし、意外にも、自分で一番の収穫だと感じているのは、自分のアイデンティティーを認識したことだった。距離が遠くなった分、私の中で日本は、どんどん近い存在になっていった。日本を離れてみて、この学校での「日本の代表」になってみると、日本に住んでいた時は考えてもみなかったことが見えてきた。五歳の時、カリフォルニアの学校で「ひな祭りの紹介」をしていたのとは、違ったレベルでの、日本についての見解が求められる。その度、「日本の中学に通い、国語や歴史を学んでいてよかった」と心から思った。

チョート校では、「日本は伝統的特色と近代的、国際的なものとの融合が世界一だ」と言われることが多い。今まで私が、全く気づいたことのない視点だ。AP（大学レベルのコース）の世界経済クラスを受講している生徒と、最近の日本経済のことを話した時、「日本なら大丈夫。経済を立て直す力がある」と言われるとうれしかった。日本では、日本人だと意識する機会がほとんどないまま、日常生活を送ってきたため、これは外に出て初めて気づいた自分の気持ち。物事をクリティカルに判断して、本当のことなら短所もストレートに批判をする人たちからのコメントなので、本音なのだと思いたい。日本が、外からどのようにとらえられているのか、もっと気になりだした。

アジアからの留学生で、日本語を学ぶ人は多い。「将来、日本で働きたい」という目標に向かって一年目の勉強をがんばって、次のレベルを飛び級した友達もいる。近ごろは、音楽やファッションなどで、日本は新しい流れをつくり出すトレンドセッターだと言う。「経済面などでも、早くから発展している日本はなんと言っても世界の大国。アジアのリーダーなんだから」という言葉は、ずっと心に残っている。

歴史上の問題、戦争のことも、韓国や中国の友達と話し合った。やはり許しがたいこともあるけれど、今、大切なのは悲劇が二度と繰り返されないよう、一緒に協力することだと語りあった。自分が「アジアの中の日本」から来ていると再認識したことは、大きい。

二つの国、その価値観や文化の間に生きている私。単に、英語と日本語の能力だけでなく、アメリカ流と日本風の考え方のバランスを維持していき、歴史、文化、現在の情勢まで双方の理解ができるようにしていきたい。外交や国際関係論は、私が、今、一番興味がある分野だ。将来、英語で何をしたいかは、まだ模索中。でも、ここでの経験は、その答えに、確実に結びついていくと思う。

おわりに

「この体験を少しでも多くの人に伝えたい」

入学して一カ月、学校のペースにも慣れ、自分の置かれた環境に感謝できるようになるにつれて、そう強く思うようになりました。

アメリカ東部の寄宿制私立高校であるチョート校へ入学するにあたって、「どんなことが起こるか」は、全くわかりませんでした。卒業まで三年間通う覚悟でしたが、ここでの生活が自分に合っているかどうか知るすべもなく、まして、こんな素晴らしい経験ができるという保証など、どこにもなかったのです。「もしかしたら、今まで抱いていたイメージが、全部間違っていたのかもしれない……」それも、大いに有り得ることでした。

でも、やってみないことには、何も始まらない。「この機会が、きっと新しい世界を開いてくれる」という自分の直感だけを信じて飛び込み、無謀とも言えるハイスクールライフが始まったのです。

夏休みに帰国し、執筆を進めていくうちに、入学当初の先が見えない不安感、そして学校生活をエンジョイできるようになってからの充実感などが、驚くほど鮮明によみがえってきました。「お嬢様をやっつけろ!」「ネクタイ姿でウェイトレス」、これらのエピソードを書いていると、友達の声が今にも聞こえてくるかのようで、そのころにタイムスリップする気分を味わうことができました。

一年間のドラマを、こうして振り返ってみて、気づいたことは、**"What you make of the circumstances is up to youself."**「どのような状況でも、結果を左右する力は自分にある」ということ。私が、チョート校、一年目の生活で得たレッスンです。最後まで読んでくださりありがとうございました。

Last but not least, I would like to thank everyone whose support made my school life at Choate Rosemary Hall and Shijimizuka Junior High one of a kind. I would like to express my special appreciation to Mr. Hiroyuki Koinuma and the Department of Shinsho Books at Shueisha Inc., for the professional advice that made this book a reality.

Reiko Okazaki
October 2001

巻末資料

TOEFL／TOEIC
実用英語技能検定
国際連合公用語・英語検定試験
チョート校ｅメール事情

通して主旨をつかむこと、あと極力、頭の中で日本語に訳すのではなく、英語をそのまま理解することが必要。

読解の対策としては、やはり英語を日頃から多く読んでおくことが大切。私がTOEFLを受けたのは中1の時だから、よく読解力をつけるために勧められるTIMEもNewsweekも読んでいない。いきなり堅い本で無理をするよりも、日本語で読んだことがあるものや、映画で観たことのあるもの、など**親しみを持てる読み物から入っていけば良い**と思う。

TOEIC Test of English for International Communication

① 最近、企業でも重視されているTOEIC（トーイック）。９９０点満点のこの試験は、リスニングとリーディングが各１００問で計２００問、２時間。短時間でたくさんの問題をこなさなければいけないため、瞬間的な判断が必要だ。

② 例えばリスニングでは、問題を聞いてから選択肢を読んでいると間に合わないので、できるだけ先に目を通しておきたい。少しくらい確信のない問題があっても、いつまでも考え込まず、次に切り替える思いきりの良さが大切。

③ 問題は、リスニングでは日常やビジネスでの会話や天気予報、そしてリーディングでは会議のスケジュールやビジネスレター、または買い物のためのクーポン券などが出てきたりと、実生活で使える英語力が試される。日頃から、海外のテレビドラマや映画は吹き替えではなく、英語で観たり、洋楽を聴いたりと、**楽しみながら英語に耳を慣らしておく**と、英語圏の国の価値観や文化についての知識も身に付いて一石二鳥。

TOEFL　Test of English as a Foreign Language

① TOEFL（トフル）は、主に留学を希望する人のための、国際標準の英語能力判定試験。スコアは、３１０〜６７７点で表示される。一般的に、アメリカのコミュニティーカレッジ（公立短大）では４５０点以上、大学では５００点以上、大学院では５５０点以上、ハーバードクラスの大学院なら６００点（学部によっては６３０点以上）が必要だと言われている。正規留学に必要な語学力を試すというだけあって、リスニングには、**キャンパスライフに関連した言葉**が出てくる。eligibility（適格性）、faculty（教職員）などの言葉を知っておくことは、その後、実際の留学生活でも役立つ。

② ストラクチャー（文法）は、英文の空所に適語を補充する問題と、文中の4つの下線部の中から、誤りを指摘する問題とから成る。日本国内でも2000年10月から実施されているCBT（Computer-Based Test）では、ライティング（作文）の得点が文法のスコアに加算されるようになった。テストがコンピューター化されたことで、受験者の英語力は自動的に判断され、出題レベルが調節される。

問題の難易度も考慮されたスコアは0〜300で表され、作文のセクションを除いたスコアがその場で表示される。手続きが簡素化されて（クレジットカードを持っていれば、電話による申し込みも可能）、受験可能日が大幅に増え、**とても受けやすくなった**。

③ リーディングでは、科学、歴史、文学……と様々な分野からの長文が出題される。おそらく、授業の中で読むテキストのことが考えてあるのだと思う。速読のためには、やはり文の構成などに気をとられることなく、サッと目を

の項目もチェックされる。

世界中を見ると、英語を母国語とする人より、外国語として話す人の方が多く、訛りがあっても堂々と話す人が結構多い。ネイティブを目指して発音を磨くことは大切だし、可能なこと。でも、少しくらいのミスは気にせず、自信を持って**「コミュニケーションを取りたい！」**というその気持ちを強く持つことが一番のポイントだと思う。

③　１級の二次試験では、簡単な自己紹介の後、５つの課題が書いてある紙を渡され、その中から１つを選び、１分間でスピーチを考えなければいけない。そして、２分間の自分のスピーチの後、質疑応答が行われる。私が選んだのは、Changes in the traditional Japanese family、日本の伝統的な「家族」の変化について述べよ、という課題。他にも、「消費税の割り増し分（３％から５％へ）はどのように使われるべきか」、「日本はどの程度、食料の輸入を制限するべきか」、「自分は、臓器提供の意思表示をできるだろうか」など、当時（1997年）のタイムリーな話題が取り上げられていた。

どう考えても、１分間というのは、スピーチの準備には短すぎるので、もちろん、１つ１つの言葉を選んでいるひまなどない。だから迷いを捨てて、すぐ「これだ！」と自分の課題を決め、スピーチの骨組みを考えた。核家族化していく日本の家族に対する自分の主張を述べながら、それを裏付けるエピソードを入れて……。

ここで説得力のあるスピーチをするために重要なのは、**主張を話の始めと終わりに、しっかりと述べること、そして具体例を挙げること**だと思う。対策としては、過去の課題を使い、タイムを測って２分間でメリハリのあるスピーチをする練習をしておくことも効果的。

英検　実用英語技能検定

① 英検では、何と言っても語彙を増やすことが重要。語彙問題の比重は大きいし、また、読解やリスニングにも必要な力だ。

私は、単語カードを作っても、それが役に立ったことがないので、使わない派。書いただけで満足したり、ただ何のつながりもなく言葉の意味だけを暗記していても肝心な時にうまく使えないのでは効率が悪いと思う。正しく綴ることも大切だが、実際に利用できないと無意味になってしまう。

わからない単語を、辞書で調べた時には、その場で10回くらい声に出して言ってみるのが効果的。初めてその言葉と出会った時、どんな文脈で、どのように使われていたのかを思い浮かべながら発音し、頭に入れるように努力する。紙面で見るだけで覚えていると、その単語を耳にした時でもすぐに同じ言葉だと、気づかないこともある。しかし、耳から取り入れた英単語は、次にその言葉に出会った時に聞き取れるはずだし、文章を読んでいて、その言葉を見かけた時、声に出してみると記憶がよみがえるはず。子供が言葉を覚えるのも、耳からが中心だ。英単語は、耳から覚えるのが、おすすめ。

② 3級からは、二次試験の面接がある。実際に生活の中で英語を使用する時には、難しい単語や正しい文法を知っていることより、自分の意思をわかってほしいという気持ちが大事だと思う。

「相手に伝えたいこと」があってこそのコミュニケーションだから、面接で試されるのが、このコミュニケーション能力。もちろん英語力は必要だけれど、一生懸命伝えたいという気持ちの表れであるアティチュード attitude（態度）

there are conflicts today. I hope that in the near future, the whole world will be able to live in peace.

というように、国連の活動から国際問題へ話が移った。中東や朝鮮民主主義人民共和国の情勢、ちょうどその頃話題だったコソボ紛争……そして、日本の経済不況や政治まで幅広い分野に話が及んだ。

二次試験でのポイントは、**自分に有利になるような会話運び**。私の場合、日本と海外の学校や教育制度の比較、そして世界規模での教育普及の大切さ、と得意の「教育」の話を始めた。何を聞かれても答えられるように準備することも大事だけれど、自分が詳しい分野に話題を持っていくと、知識をアピールすることができる。面接＝「聞かれたことに答える」ではなく、自分から会話を進めるという認識が重要だと思う。

国連英検　国際連合公用語・英語検定試験

① 英語を駆使して国際的な舞台で活躍できる能力をテストする国連英検は、E級から特A級まで6段階のレベルがある。A級は、外務省によるアソシエート・エキスパート（国際公務員志望者）選考の際の語学審査にもなっている。

特A級の一次の配点は、マークシート式の問題が80点、そして自由作文が20点だった。読解問題、文法ミスの指摘、動詞の形の選択、文章の穴埋め、言葉を言い換えたり類似語を選んだりする問題……と種類が様々で、問題量は多い。

② 国連に対する理解もテストされるため、B級以上では、*Today' s Guide to the United Nations* が必読の参考書。日本語版は、「新・国連への招待」。その他、世界情勢を幅広く知っておくだけでなく、それに対して**自分の意見を持つ**ことが求められる。キーワードを英語で理解できるためには、日頃から英字新聞や英語のニュースで用語に触れておくことが重要だと思う。

③ 特A級からB級までは二次審査で面接試験が行われる。例えば、私の場合は、自己紹介から始まり、

Q. Can you tell me the aims of the United Nations?
A. Yes. They are: to prevent war
to maintain international peace and security
to promote social progress and better standards of life
to develop friendly relations among nations
and to achieve international cooperation.
Q. Which of those do you think is the most important?
A. Preventing war. We are fortunate to live here in Japan, where it is safe, but many people live in places where

うと、このようになる。

because → cuz　anything → anythin　have → hav　night → nite
know → kno　through → thru　don't → dun　I see → i c

母音などを抜かし、カギとなる文字だけを残した例として
people → ppl　meeting → mtg　hours → hrs　なども良く使われる。

そして、お決まりの言葉は、ほとんど記号化されてしまう。

with → w/　without → w/o　something → s/t　especially → esp
and → n, +, &　at → @

「より早く、より楽に！」を追求して文字を省略するのは、意味が伝われば良いとして、was → wuz　okay → okey など、字数削減になっていない「誤字」も意図的に使われる。これは、簡略化がただ便利なだけでなく、気持ちの上で相手との距離を縮める役割を果たすため。eメールでも、状況によってはきちんとした手紙の文章を書かなければいけないため、わざと「タイプミス」ができるというのは、相手と親しいことを表す意味もある。

eメールでは、堅い書き出しや結びは使用されないことが多いから、hi, や hey、またはいきなり用件から、しかも小文字で始まったりする。

bout reikos bday… whynot meet @9 tomorro morn-hows that sound? plz rep sender. thx
(About Reiko's birthday… why not meet at nine o'clock tomorrow morning? How does that sound? Please reply to sender. Thanks.)

下線部では、差出人がCCで大勢にメールを送っているため、返信の方法を確認している。そのまま返事を送ってしまうと、全員に届いてしまい、やりとりが続くとメールボックスが自分には関係ないメールで一杯になってしまい、困ってしまうのだ。他にも、すべて大文字の文章は読みにくいだけでなく、大声で叫んでいる印象を与えてしまう、大事な用件ではメールを受け取ったことだけでも相手に伝える、など送信ボタンを押す前に気をつけなければいけないマナーがある。

それにしても、例文のように、急ぐとスペースが省かれて文法の規則も無視され、まるで違う言語のようになる。専用の辞書が必要になる日も、そう遠くないかもしれない。

e チョート校eメール事情

学校からの大事なお知らせにもeメールは活用されるが、やはり何と言っても友達との連絡に便利。AOLやMSNのインスタント・メッセンジャー機能を使うと、誰が、いつネット上にいるのかが一目でわかり、リアルタイムでチャットができる。試しに、ルームメイトにメッセージを送ってみると、一瞬で背後にある彼女のパソコンに「チーン！」と受信音がしたほど、このシステムは早い。

会話のスピードで、パソコンのやりとりをするとなると、伝えたいことをタイプする指が追い付かない。そこで、必然的に、独自のテクニックが編み出される。

まず、直接相手と話す時と違い、表情や声色が伝わらないため、画面上で喜怒哀楽を表さなければいけない。

lol　laughing out loud（声を出して笑ってます）
grin（ニヤリと笑ってます）　*wink*（ウィンク）
hug（ハグ）　*H*　(big hug)

日本で使われるものと少し違った絵記号もある。

:)（スマイル）　;)（ウィンク）　:T（う～ん）
:D（笑）　:*(（涙）　:(（怒）

他にも様々な表情があるほか、:o)　:-)　=^..^=（ネコ）とバリエーションも豊富。

文については、面倒なピリオドや省略記号は使用されず、「私」のI、固有名詞や文の最初など大文字であるべき箇所も小文字のまま。例えば、Ms. → ms　she's → shes　can't → cant　といった感じだ。初めは見苦しいけれど、だんだん、小文字だけの文に慣れてしまうから恐ろしい。

また、スペルもだんだん砕けてくる。一つは、団体名などで使うacronym, 頭文字を、良く利用するフレーズにも当てはめてしまうもの。

As soon as possible →　ASAP（できるだけ早く）
By the way →　BTW（そう言えば）
Be right back →　BRB（すぐ戻る）
Talk to you later →　TTYL（また後で）

そして、本来の綴りではなく、発音に忠実になって略してしま

◆特にクレジット表記のない写真は、著者及び著者の友人・知人の撮影によります。また本文中のカットは著者によります。

図版製作／（株）ユニオンプラン

チョート・ローズマリー・ホールHPアドレス／
www.choate.edu

岡崎玲子（おかざき れいこ）

一九八五年兵庫県生まれ。米カリフォルニア州や中国広州市で幼少期を過ごした後、帰国。小学六年生時に英検一級を取得。中学一年生時にTOEFL670点、中学二年生時にTOEIC975点を獲得し、国連英検特A級を取得する。全米トップ3に入るといわれるチョート・ローズマリー・ホール校に合格し、中学三年生だった二〇〇〇年九月、チョート校二年生として入学。

レイコ@チョート校《こう》

二〇〇一年一一月二二日 第一刷発行
二〇〇八年 六 月一七日 第四刷発行

集英社新書〇一一四E

著者……岡《おか》崎《ざき》玲《れい》子《こ》
発行者……大谷和之
発行所……株式会社集英社
東京都千代田区一ツ橋二-五-一〇 郵便番号一〇一-八〇五〇
電話 〇三-三二三〇-六三九一（編集部）
〇三-三二三〇-六三九三（販売部）
〇三-三二三〇-六〇八〇（読者係）

装幀……原 研哉
印刷所……凸版印刷株式会社
製本所……加藤製本株式会社
定価はカバーに表示してあります。

ISBN 4-08-720114-7 C0237

Printed in Japan

a pilot of wisdom

集英社新書　好評既刊

9・11《ナイン・イレヴン》ジェネレーション　―米国留学中の女子高生が学んだ「戦争」

岡崎玲子

二〇〇一年九月十一日に起きた同時多発テロ。それは世界を震撼させ、戦争やさらなるテロへのきっかけとなっていく。ニューヨークの隣、コネチカット州の名門プレップスクールで学んでいた著者は、帝国アメリカの激震を身をもって体験した。街にはためく星条旗、混乱する教師や生徒、パールハーバーの再来という声、底なしの恐怖を利用する政府……。なぜアメリカは、アフガニスタン空爆からイラク攻撃へと続く、途切れることのない憎しみの連鎖へと突き進んだのか。元米国連大使ビル・リチャードソンによって「9・11世代」と名づけられた女子高生が、鮮烈な筆致で描いた現代アメリカ社会の実態。第三回黒田清ＪＣＪ（日本ジャーナリスト会議）新人賞受賞作。

チョムスキー、民意と人権を語る　―レイコ突撃インタビュー

ノーム・チョムスキー　聞き手 **岡崎玲子**　鈴木主税論文翻訳

確かな視点で世界に発信を続けるノーム・チョムスキーに、十六歳で新書デビューしたレイコがＭＩＴで突撃インタビュー。軍事介入、アメリカの外交政策、日本と東アジアの未来、環境問題、国連安保理をどうすべきかなどについて問いかけていく。また、チョムスキーが世界人権宣言を踏まえてアメリカの政策を論じた「アメリカによる力の支配」を収録。人権宣言が提唱している普遍性、すなわち世界に住むすべての人に等しく適用されるべき人権擁護の原則が守られていない現実について考察する。

覇権か、生存か

―アメリカの世界戦略と人類の未来

ノーム・チョムスキー　鈴木主税訳

アメリカ合衆国の覇権戦略は、多くの国々の市民の命を奪ってきた歴史を持っている。しかし、無辜の人びとの血がどんなに流されても、それがアメリカもしくはアメリカの支援する国家の行為である限り、テロと呼ばれることは少ない。なぜなのか？　いまアメリカは、史上最強の軍事力を持つ国家として、覇権をいっそう押し進めようとしている。しかしそれは同時に、多くの人びとの生存を危うくする道程にもなっているのだ。アメリカの覇権戦略の現在と未来を、その歴史的経緯をたどりながら詳細に分析し、揺るぎない視点から国際社会のあり方と人類存続への方途を探る、チョムスキーの集大成ともいえる著作。

メディア・コントロール

―正義なき民主主義と国際社会

ノーム・チョムスキー　鈴木主税訳

現代政治におけるメディアの役割に目を向ければ、自分たちの住む世界が見えてくる。二〇世紀初めから現在まで、支配層が大衆の目から真実を隠す手法は、巧妙に構築されてきた。アメリカの強圧的な外交政策、テロや戦争の実態とは？　世界の真の姿を知るためには、それに気づかなければならない。事実をもとに現代社会を理解することをわかりやすく論じた「メディア・コントロール」、9・11を受け、公正なジャーナリズムとは何かを論じた「火星から来たジャーナリスト」の二編に加え、作家・辺見庸氏によるロング・インタビュー「根源的な反戦・平和を語る」を収録。チョムスキーの考え方のエッセンスを伝える。

「水」戦争の世紀

モード・バーロウ／トニー・クラーク　鈴木主税訳

いま、生きるための絶対条件である水を得られない人びとが、大幅に増えている。人類が利用できる淡水は、地球の総水量の0.5パーセントにも満たない。その淡水資源が、環境破壊や都市化などによって急激に減り続けている。さらに、グローバル企業や世界銀行、IMFなどによって、水は巨大なビジネスチャンスの対象とされ、独占が進んでいる。世界の水をめぐる衝撃の実態を明らかにし、その保全と再生のための方途をさぐる。

帝国アメリカと日本　武力依存の構造

チャルマーズ・ジョンソン　屋代通子訳

第二次大戦後から東西冷戦終了後も変わらず、アメリカは東アジアを含む世界各地に軍を駐留させ、その基地や軍事施設は現在でも世界に数多く存在している。しかし、その強大な軍事力は世界平和に寄与してきたといえるだろうか。帝国主義的な政策にもとづく武力行使は、テロ組織を根絶するどころか、むしろより深刻なテロの危険性を高めているのではないか。東アジア通の国際政治学者として名高い著者が、鋭い批判の眼で分析する。

サウジアラビア　中東の鍵を握る王国

アントワーヌ・バスブース　山本知子訳

世界で唯一王家の名を冠した国であり、厳格なイスラーム・ワッハーブ主義で律された国でもあるサウジアラビア。一方では、ウサマ・ビン・ラディンや9・11実行犯の多くの出身国としても知られている。多数のテロリストを供給しながら、この産油国はなぜ親米なのか？　いまもっとも注目される王国の知られざる実態を、フランス在住の政治学者が分析した必読の書。

誇りと抵抗

—権力政治を葬る道のり

アルンダティ・ロイ　加藤洋子訳

一九九七年度英ブッカー賞受賞のインド人女性作家、アルンダティ・ロイは、人権の抑圧に抵抗する政治活動でも注目されている。急速に進むグローバリゼーションや米国の圧力、強圧的なインド政府によって生きていくことが脅かされてきた人びとの力になるために、自らの良心に従って積極的に発言し続ける。権力政治が人びとを脅かす現代インドの過酷な状況や、国際社会の矛盾を鋭く批判するエッセイ六篇を集めた、心に響く論文集。